朝日新書
Asahi Shinsho 323

コンサルタントの仕事力

小宮一慶

朝日新聞出版

ほかのセクションの社員たちが、快適に仕事ができるような環境にするにはどうすればいいか、を日々考えながら仕事を進めているからです。「お客さま」が「社内のほかのセクションの社員たち」に変わるだけで、本質は同じです。

お客さまの問題を解決する、提案する——これはコンサルティングそのものです。つまり、ほとんどすべての人が、対象となるお客さまが違うだけで、無意識のうちにコンサルティングをしながら仕事をしているのです。

とするなら、皆がその「コンサル力」に磨きをかければ、より質の高い仕事ができるようになる——それが本書を書こうと思った動機です。

本書では、どうすればコンサル力を身につけることができるのか、また、身についた後に力を伸ばすにはどうすればよいのか、など基礎から応用までを段階を追って説明していきます。コンサル力が身について、問題解決力、提案力が高まると、お客さまが求める「以上」のものを提案できるようになります。この「以上」というのが大事で、その域に到達するには、「聞く力」「理解する力」、物事を「関連づける力」、相手を「説得する力」などさまざまな力を身につけなければなりません（このほか「話す力」「書く力」が必要で、これはすぐ後の第1章で「『コンサルティング力』に必要な6つのスキル」として、詳しく説明します）。

これら一つひとつの力を身につけるのに、特別な才能は必要ありません。誰だってマスターできます。ただし、どの力も身につけるためにはちょっとしたコツがあります。そのコツをお教えするのが本書の目的です。

また、これらの力は、仕事を通して実践するなかで少しずつ自分のモノになっていくものばかりで、今日からすぐに効果が出るものもありますが、トータルのコンサル力を身につけようと思うと、それなりに時間がかかります。ただし、日々、コツコツと実践を積み重ねれば、1年も経てば物事の本質や問題の原因が分かるようになり、「ひらめき」も生まれてきて、提案力も飛躍的に高まるようになる――こんなイメージで実力がついていきます。

コンサル力に磨きをかけることができれば、皆さんのビジネスは飛躍的に発展する可能性が高くなります。お客さまの求める「以上」が提案できるようになるので、今までよりも商品やサービスがより多く売れるようになるでしょう。お客さまや会社の同僚、社会からも一目置かれて認められるようになりますから、仕事の幅も広がるでしょう。そして、それらが相まって、ますます良い仕事をしようという強い意欲が自然と湧いてくるはずです。

繰り返しますが、コンサル力はコンサルタントだけではなく、さまざまな職種のビジネスマンに必要な能力です。したがって本書は、経営コンサルタントを目指す人はもちろん、およそビジネスに関わる人なら誰にとっても役に立つ内容になっていると確信します。

皆が〝その道のコンサルタント〟になれば、これからの仕事は、より実り多きものになるのではないでしょうか。お客さまや社会から今まで以上に求められる人が増えていけば、会社の活性化、ひいては、日本経済全体の活性化につながっていくはずです。

読者の皆さんのコンサル力に、大いに期待しています。

目次

第2章　コンサルタントの勉強法

第3章　経営コンサルタントの行動力

第4章　経営コンサルタントの時間力

図版　谷口　正孝

第1章

コンサルティング力とは何か

これが
コンサルティング力の中身だ

1

話を聞く

……▶P21

2

理解する

……▶P36

3

関連づける

……▶P60

4

話す力、書く力、
説得する力

……▶P70

「コンサルティング力」に必要な6つのスキル

「はじめに」でも述べたように、コンサルティング力は、すべてのビジネスマンに必要な能力です。お客さまや一緒に働く人の問題解決をすることがコンサルカだからです。

お客さまの悩みは、実に多岐にわたります。

経営コンサルタントである私のもとには、例えばこんな相談が舞い込みます。

「業容拡大のためアメリカの会社を買収したい。都合良く円高になっているが、決断してもいいか」

「経営効率化のため、資本金の30%分を出資している関連会社を100%子会社にしたい。小宮さんならどう考えますか」

大きな経営戦略に関する問題以外にも、「幹部候補の人材教育がうまくいかない」「経営トップと幹部社員とのコミュニケーションがどうもちぐはぐで……」などという日常的なビジネスに関する相談もたくさんありますし、ときには「社長と副社長のそりが悪くて、派閥争いが起きてしまっている」などといった社内の内紛について意見を求められることもあります。しかし、何を聞かれても私の態度は決まっています。

どんな問題を投げかけられても、「答え」を提案する。

これができなければコンサルタントは務まりません。しかも、解決策や改善策は的確で、かつ、その時点で考えられるベストなものでなければなりません。私の出す結論が、大げさでなく、お客さまの企業と、そこで働く社員やその家族、取引先さん、資金を提供している株主や銀行、地域社会など多くの人の人生を左右するかもしれないからです。ですから、コンサルティングをしている時は気を抜くことはできません。

それでは私が、どのようにしてお客さまの悩みを解決しているのかご紹介しましょう。簡単に言えば、どんな問題に対しても基本的に次のステップを踏んでいます。

お客さまの状況を正確に理解する

↓

お客さまの状況を分析しながら、問題点の本質を探る

↓

経営の原理原則や経営手法に照らし合わせながら、解決策や改善策を提案する

「たった、これだけ？」と拍子抜けする方もいらっしゃるかもしれませんが、思考の順番を整理すると「たった、これだけ」です。

でも、このステップのなかには、次のようなスキルが含まれています。

○お客さまの話をよく「**聞く**」。
○お客さまの話を「**理解する**」。
○物事をこれまでの知識や経験と「**関連づけ**」て、問題解決のひらめきを得る。
○お客さまに解決策や改善策を「**話す**」。
○解決策や改善策を「**書く**」。
○お客さまに提案する際、「**説得する**」。

つまり、コンサルタントとしてお客さまの問題を解決するには、基本的にこの6つのスキルが必要で、逆に言えば、このスキルが身についていれば「問題解決力」や「提案力」などもおのずと養うことができるのです。

「聞く」「理解する」「話す」などと聞くと、「そんなものは、言われなくてもできる」と思われるかもしれません。確かに、単純に「聞く」「理解する」「話す」ことなら、誰もが特に意識することなく毎日やっていることです。

しかし、相手の言うことを「正確に聞く」には、素直さをはじめ、いくつかの「聞く」ためのポイントや注意点があります。「正確に理解する」のにも、知識というバックボーンや論理的思考力が必要になります。そして、説得力を持って「話す」ことにも同様にポイントがあります。

繰り返しますが、この6つのスキルを習得すれば誰でもコンサル力を強化できます。この章では、皆さんが6つのスキルを習得できるように、それぞれのスキルについて具体的な中身を見ていきます。

1　コンサル力その1　話を聞く

「素直さ」が必要

お客さまの状況を正確に理解するためには、まず、相手の話を「聞く」スキルが必要です。

「話を聞くのにスキルなんてあるのか」と思われるかもしれませんが、おおいにあります。コンサルティングをするときは、相手の話をまずは正確に聞かなければなりません。おおげさではなく、かなりの**忍耐力が必要**です。これから説明しますが、**素直に話が聞けるかどうかが最も大切です。**

さらに、話を聞いて中身を分かるためには知識も必要です。経営コンサルタントなら、経営の基本的な知識であるマーケティングや会計、財務、さらには「人」についての基本的な考え方が分かっていないといけません。

まずは、「素直に聞く」ということからお話ししましょう。

会社の事情をあれこれ聞いても、相手が必ずしも本音を言わないことはよくあることです。正確な情報を伝えないこともしばしばでしょう。見栄や思惑があったりする場合です。でも、そんなときでも、まずは相手の話をとことん聞くことです。そこから本音や本質が見えることがあります。組織改革の相談を受けていたはずなのに、よくよく聞いてみると、その背景に社内の派閥争いがあるとか、新規プロジェクトを華々しく立ち上げたいという話も、その裏には、それによって投資家から資金を調達して苦しい資金繰りをなんとかしたいという思惑がある、とかいったようなことです。これもじっくり話を聞くからこそ分かることです。

コンサルタントは、相手の話をとことん聞いて、そこから問題の本質を摑み解決策を提示します。そこに「コンサルタントの感情や感覚」は不要です。もちろん自分の経験をもとに自分の意見や考えを述べることはありますが、それはもっと、ずっとあとの話です。まずは、お客さまの話から真意や思いを引き出さなければなりません。

東洋哲学の大家である安岡正篤先生は、「話の聞き方、聞く態度を見れば、その人物の練れ具合が分かる」とおっしゃっています。その通りだと思います。

お客さまの話を聞くときにモノをいうのが**「素直さ」**です。素直さは謙虚さにつながります。私の好きな言葉に「アンテナは高く、腰は低く」というのがありますが、これは腰を低く、すなわち謙虚さをもっていればモノは見えるという意味です。謙虚さがあれば、相手の話に耳を傾けることができるのです。

経営の神様、松下幸之助の教訓

「素直さ」を重視していたのが、かの有名な経営の神様、松下幸之助さんです。幸之助さんは、人が成功するためにひとつだけ資質が必要だとすれば、それは「素直さ」だとおっしゃっています。幸之助さんの著書の中には『素直な心になるために』というものもありますから、それほど素直さを大切にしていたのでしょう。

幸之助さんは、人の話を聞く天才でもありました。親交が深かった、日本興業銀行の元頭取、故・中山素平さんは、「松下さんほど人の話を聞くのが上手い人はいなかった」と記しています。やはり素直な人ほど人の話を聞けるのだと思います。

幸之助さんは、新入社員の話を聞いても「いい話を聞かせてくれて有難う」とお礼を言っていたそうです。私は、この話を聞いて2つのことで感心しました。

一つは、幸之助さんは「素直さ」を常に心がけておられましたから、新入社員の話の中からでもビジネスや人生のヒントを見つけていたということです。だからこそ、「いい話を聞かせてくれて有難う」という言葉が出てくるのだと思います。

これはコンサル力にも応用できます。すなわち、お客さまの話を素直に「聞く」ことのなかから問題の本質につながるようなヒントを見つけていく、そういう姿勢です。

もう一つは、幸之助さんが新入社員の話を聞いているという事実そのものです。弊社のように社員10人未満の小さな会社なら、社長である私が新入社員の話を聞くのは珍しいことでもなんでもありません。しかし、幸之助さんが社長だった当時の松下電器産業（現・パナソニック）は、グループ全体で10万人を超える社員がいたはずです。3代目社長の山下俊彦さんは、役員を「25人抜き」で社長になって一躍有名になりました。ということは当時、少なくとも25人以上の役員がいたことになります。おそらく部長クラスだと2000人以上はいたのではないでしょうか。

そんなに大きな会社の社長が新入社員の話を熱心に聞いていたというのですから、驚かずにはいられません。しかも幸之助さんは「経営の神様」と言われるほどの存在です。何か聞きたいことがあれば、「あれはどうなっている？」と言うだけで、上を下への大騒ぎになって調べたはずです。それほどの存在である幸之助さんが、社会人になりたての社員の話を聞いていたのです。謙虚な気持ちがなければできることではありません。

自分の考えに固執しない

謙虚な気持ちを持つこともコンサル力に大切な態度です。自分の意見に最初から固執してしまうと、知らないうちに自分の意見に合わないことを排除してしまうからです。

これに関連して言うと、私は多くの新聞を読むように心がけています。普段は読売新聞と日本経済新聞と日経産業新聞を読んでいますが、ホテルの朝食会場や飛行機の中では、普段読まない朝日新聞や産経新聞、毎日新聞なども読みます。朝日を読む人は産経を読まない、あるいはその逆も少なくないと思いますが、自分の意見をしっかり持っためにも、そして多くの意見を素直に受け入れるためにも、視点の違う意見を読む「訓練」が必要です（自分自身の主義主張を持つことを否定しているわけではなく、主義主張を持ったうえで多くの意見を聞く必要があると言っているのです）。

大切なことは、**バイアス（偏見）がかかるとモノは見えない、**ということです。自分の意見が絶対だとか間違いないと思い込んでしまうと、「こうあるべきだ」という「べき論」のバイアスがかかってしまいます。しかし、そういう頑なな態度ではお客さまの話をきちんと聞くことはできません。むしろバイアスがかかったまま話を聞くため、間違った解釈をすることにつながってしまいます。コンサル力その2で「複雑なものは複雑なまま捉える」ことを説明しますが、バイアスがかかっている人は、灰色でも白とするなど自分に都合の良いように解釈しがちです。

とはいえ、自分の尺度がある以上、バイアスなしで、お客さまの話を正確に聞くというのはすごく難しいことです。だからこそ「素直さ」がカギになるのです。灰色は灰色、白は白とそのまま見ようと意識することが大切です。

素直に聞く、とことん聞く――今日からこれを意識して、実行してください。自分はしっかりと素直に聞いているかと常に反省し、意識することがまずスタートです。

アイデアに頼るな

コンサルタントは、お客さまの問題を解決するのが仕事です。中には、何か画期的なアイデアがあれば問題が解決すると思っている人や、その場で思いついたアイデアだけを頼りにする人がいますが、どちらも違います。まったくの的外れです。

アイデアに固執するアイデアマンは、はっきり言ってコンサルタントには向いていません。

コンサルタントはお客さまの話をしっかり聞いて、問題の本質を見つけるために仮説を立てて検証し、最終的に解決策を導き出す——これが仕事です。**アイデアは仮説でしかありません**。ブティックに勤める店員さんがお客さまに似合うと思って提案する洋服も「仮説」なら、あなたが今考えているビジネスプランも「仮説」です。

「すべては仮説」と思っているからこそ、ありとあらゆる可能性を考えられるのですし、それが本当に合っているかどうか、時間の許す限り過去のデータや経験、他人の意見も参考にしながら検証していきます。この過程にアイデアの入る余地などほとんどありません。ましてやアイデアさえあれば解決できるなんてことは絶対にありません。

しかしアイデアマンは、お客さまの話を聞いているときに、たまたまパッとアイデアが出ると、「なんて画期的なことを思いついたんだろう!」と、すぐさまそれに飛びつきます。しかも、たいしたアイデアでもないのに、そのアイデアに固執してしまいます。これでは問題の本質にたどりつくことはできません。

そもそも思いついたアイデアだって仮説です。仮説を検証することなしに、それが絶対だと思い込むこと自体が非常に危険です。はっきり言いますが、私やあなたがパッと思いついたアイデアは間違いなく他の誰かも思いついています。経営会議などに出席するとよく分かります。思いつきでポンポン発言して悦に入っている社長のそばで、苦い顔をしている部下の人たちがいます。部下たちは、社長が思いつくよりずっと前に同じことを思いついているのです。

こんなこともありました。20人ほどの経営者の皆さんと札幌に研修合宿に行ったときのことです。ある日の昼休み、気分転換も兼ねて30分ほど多く時間を差し上げて街を散策してもらい、「札幌の町を今よりも良くするには、どうすればいいか考えてみてください」とお題を出しました。

すると、最初に帰ってきた経営者の方からこんなアイデアが出ました。

「スピードを出して自転車に乗っている人が多くて危ないと思った。幸い公道が広いので、歩道と自転車の道を分けたら、より住みやすい町になると思います」

いいアイデアだと私も思いましたが、帰って来る人が増えるにつれ、ほとんどの経営者が同じようなアイデアを出すため、「何だ」という感じになりました。

アイデアなんて、しょせんこんなものなのです。

私の好きなコンサルタントに一倉定先生がいます。ここに一倉先生の名言を記しておきます。

「アイデア社長は会社を潰す」

その通りだと思います。アイデアはしょせん仮説ですから、検証しないままどんどん実行していたのでは、会社がおかしくなってしまいます。コンサル力を鍛えるのに下手なアイデアは一切不要です。素直さとすべてを仮説検証する姿勢が必要なのです。

ノイジー・マイノリティに騙されない

駆け出しのコンサルタントにありがちな失敗が、「声の大きなお客さまの話に惑わされる」というものです。間違ったことでも、もっともらしく聞こえてしまうことがあるからです。相手が経営者ではない時でも、コンサルタントの初心者ははっきりと意見を言う人の声に引っ張られがちになります。「○○さんはこう言っていた」という言葉は要注意です。それが全体の意見を代弁しているかどうかが分からないからです。

お客さまの話を聞くときにコンサルタントが心がけなければならないのは、「**ノイジー・マイノリティに騙されない**」ということです。ノイジー・マイノリティとは、「やかましい少数意見」という意味です。

コンサルカを強化するには「サイレント・マジョリティ」が求めるものを探っていかなくてはなりません。こちらは「大多数の積極的に発言しない人」という意味です。モノを言わないのがサイレント・マジョリティの特徴ですから、その真意を探るのは容易ではありません。

これはコンサルタントだけでなく、経営者にも必要な感覚です。お客さまの動向を知る場合にも、部下がどう考えているかを知る際にも、ノイジー・マイノリティの意見が全体の意見だと思うと間違った結論を導き出してしまいます。

そうではなく、サイレント・マジョリティの求めるものを見極める目を持たなくてはなりません。そのためには、日頃の訓練が不可欠です。

私は、お客さまの話を聞くときはもちろん、誰かと話をするときもテレビや新聞を見ているときも、常に世の中の多くの人がそう思っているのかどうか、一部の人だけがそう思っているのではないかと疑うようにクセをつけています。

これは訓練ですが、訓練でも仮説を立てて検証することが欠かせません。2010年に菅直人氏が首相になりましたが、選挙前は小沢一郎氏が優勢だという見方がけっこうありました。とくに、政治評論家でそう言っている人が多かった。しかし、地方の意見をニュースなどで見ると、小沢氏は献金問題などでイメージがあまり良くないようでした。このとき私は、おそらく菅氏が首相になるだろうと確信しました。

なぜかというと、2001年に小泉純一郎氏が首相になったときの状況に似ていたからです。あのときは最大派閥の橋本龍太郎氏の勝利が有力視されていましたが、小泉氏は地方選で圧勝し、本選挙でも圧勝して総理大臣になりました。そのときの地方の世論と流れが似たような感じだったので、菅氏が首相になると思ったわけです。

ともあれ、私の仮説は正しかったことが証明されました。テレビや新聞などの公のメディアでも、ノイジー・マイノリティの意見をあたかも多数派であるかのように大々的に取り上げることはよくあることです。専門家が間違えることも少なくありません。だからこそ、しっかり見極める目をもつためにも、気になることがあったら、すべてが仮説だと思い、過去の事例などと照らし合わせて検証する――これを繰り返してください。訓練を積んでいけば、多数派の意見なのか少数派の意見なのか、あるいは、多数派に見えるけど少数派の意見なのか、少数派に見えるけど多数派の意見なのか、ということが少しずつ見えてくるようになるはずです。

常識がバイアスになる場合も

パソコンのキーボードを見て、「どうして、こんな配列になっているのだろう」と思ったことはありませんか。アルファベットが「QWERTY……」の順に並んでいます。

考えてみれば、確かに変です。実はこの配列は、初期の機械式英文タイプライターの配列を踏襲したものといわれています。昔の映画でタイプライターを使うシーンを見ていると、高速でダンダン打っているのが分かります。初期のころのタイプライターは印字ハンマーが金属の細い棒状だったので、早く打ちすぎるとハンマー同士が絡まってしまいます。したがって、連続で打たれやすい文字はあえて左右の離れた場所に配置した、その結果が「QWERTY……」の順なのだそうです。

機械の都合で文字の配置が決まったわけですから、本来なら人が作業するには不自由なはずです。でも今、キーボードの文字を打っていて、不自由だと思う人はほとんどいませんよね。それは不自由なことに慣れてしまったからです。本来なら非常識なことでも、人は慣れてしまえば常識になってしまうものなのです。

つまり、普段、常識だと思っていることでも「なぜ」と疑問に思う習慣づけが大切です。コンサル力を高めるには、ちょっとでも「おかしいな」と思ったらそれを敏感にキャッチし、疑問を持たなければなりません。「おかしい」と思うのは、自分のなかに

「常識」というバイアスがあるからです。常識もときにはバイアスになると自覚してください。

原理原則を知ることも大切

さらに「原理原則」を知ることも大切です。私は経営コンサルタントとして仕事をするうえで、自分なりの基準を持っています。**「お客さま第一」**と**「キャッシュフロー経営」**の2つです。

「お客さま第一」とは、会社はいかなるときも、お客さま志向を徹底しなければならないというものです。お客さまがいらっしゃるから会社は成り立っています。もちろん社員や株主がいないと会社は成り立ちませんが、社員や株主を維持する源泉は、長期的にはお客さまからいただく利益以外にはありません。その意味で、「お客さま第一」は、当然の、いわば私にとって常識的なことです。

もう一つの基準は、会社の安全性を確保する意味で重要な「キャッシュフロー経営」です。キャッシュフロー経営とは、その名の通り、キャッシュ（現金）のフロー（流れ）

を重視した経営です。なぜキャッシュフロー経営が大切かといえば、会社はキャッシュがなくなったときに潰れるからです。たとえ今、商品やサービスが売れて会計上の利益が出ていたとしても、現金を回収するまでは売っていないのと同じです。キャッシュがなければ会社は倒産の危機にさらされます。ですから、現預金などすぐに資金にできるもの（手元流動性）は常に一定以上確保しておかなければなりません。

私は、お客さまから経営の相談を受けるとき、必ずこの「お客さま第一」と「キャッシュフロー経営」という常識に照らし合わせて、そこからずれていないか確認するようにしています。少しでもずれていれば「おかしいな」と思います。ほんのちょっとの「おかしい」を突き詰めてみたら、問題の本質にたどりついたということもけっこうあります（ただし、話を聞くときは、相手の考え方が違っていても、まずとにかく聞くことが大切です。念のため）。

「お客さま第一」と「キャッシュフロー経営」は、常識であると同時に、経営における原理原則でもあります。バブルが崩壊しようが金融危機に見舞われようが、いかなるときも、この2つが経営の要諦を占めることは間違いありません。だからこそ原理原則、絶対的な基準なのです。

こうした基準は正しいものでないと意味がありません。もしも経営コンサルタントが、「お客さま第一」ではなく「金儲け第一」という間違った基準を据えていたら、そういう人に相談した会社は間違いなく傾いてしまうでしょう。

正しい基準を持つことは、それほど難しいことではありません。ビジネスや人生の本質を突いている本を読んで正しい考え方を身につければいいのです。それについては、次の章でお伝えします。

2　コンサル力その2　理解する

知識が不可欠

話を正確に聞いたうえで、次に必要となるのが、お客さまの状況を正確に理解することです。コンサルティングにはこれが欠かせません。

正確に理解する。その大前提として必要なのが「知識」です。特に自分の専門分野に関しては、ベースになる知識を身につけておかなければなりません。

例えば私は、顧問として役員会や経営会議に参加している会社や非常勤の役員をしている会社が十数社あります。なかには、役員会に出席したその場で財務内容を把握し、懸案となっている投資をするべきかどうかを判断しなければならないこともあります。

このときにモノを言うのが知識です。

会社の経営状況を確認したいときは財務諸表——主に貸借対照表や損益計算書——を見ますが、読み方が分からなければ、どこを見たらいいのかも分かりません。相手が経営の中身が分かる資料を用意してくれたとしても、判断する側にそれを読み解く知識がなければ、どんなに豊富なデータがあっても判断できないのです。

逆に、しっかりとした知識があって、なおかつ、ある程度、知識をもとにした実践経験を積んでいれば、貸借対照表や損益計算書のどこを見てチェックすればいいのかがすぐ分かります。

経営コンサルタントは会計の専門家ではありませんが、財務諸表の見方や読み方の基礎知識を身につけておけば、「短期的な会社の安定性を確認したければ、貸借対照表で手元流動性を確認したり、流動比率を見ればいい」などということが分かるので、素早く的確に判断を下せます。もちろん、他にも自己資本比率やキャッシュフロー計算書から営業キャッシュフローを見たりします。

「手元流動性は、どれぐらい持っていればいいですか」と質問されても、知識があれば「手元流動性は会社の当面の資金繰りがどれだけ安定しているかを表す数字です。計算式は、（現預金＋すぐに売れる有価証券などの資産＋すぐに調達できる資金）÷月商。大企業なら1カ月、中小企業なら1・7カ月分ぐらいは常に確保しておくべきですね」などと、即答することができます。

逆に、知識がないと何が起こるのか――。

まず的確な判断やアドバイスをすることができません。あわてて自分の無知をごまかしたり、分かったフリをしたり、まるで見当外れのことを説明したり……などといった態度で、いずれにしてもコンサルタント失格です。これはコンサルタントに限らず、自分の業務についての十分な知識がない場合も同じですね。

ひどい人になると自分の知識のなさを棚に上げて、相手が悪いような言い方をする場合があります。例えば、政治家の話を聞いてマスコミなどが「説明責任を果たしていない」と論評するときなどです。

また知識がないと、分からないのをいいことに自分の都合のいいように解釈してしまうことがあります。日常英会話ができる程度で海外旅行に行くと、現地の人の英語を聞いても、少し複雑な表現になるとほとんど理解できません。こういうとき、聞き分けることができた単語をつなぎ合わせて勝手に解釈し、分かったような気になる人がたくさんいます。プライベートな旅行ならそれでいいのかもしれませんが、ビジネスの会話で自分の都合のいいように解釈してしまうと、それが致命傷になる可能性があります。

英語だけでなく、通常のビジネスでも同じです。自分の分かったことだけをつなぎ合わせて、適当に分かったふりをするのはとても危険なことです。自分の業務に関して十分な知識を身につけることが大切です。

「関心を持つ」「ポイントを押さえる」

次に必要な知識の身につけ方を説明しましょう（勉強法は第2章で説明します）。知識は闇雲に詰め込もうとしても、なかなか覚えることはできません。でも、心配ありません。皆さんが心がけることは、ただ一つです。

関心を持つこと、
関心を持てばモノが見えてくる。

人は自分に関心のあるものに対しては、覚えようという意識がなくても自然にインプットするものです。いい例が自分の給与の数字でしょう。ほとんどの人が、自分の給与がいくらであるのかは明細書を見なくても言えますよね。

それでは、「GDP（国内総生産）」はどうでしょうか。関心がない人もいるかもしれませんが、「GDPは、あなたの給与に連動しているんですよ」と言われたら、がぜん興味が湧きませんか。

ＧＤＰ（正確には名目ＧＤＰ）は、日本中の会社の付加価値（＝売上高－仕入れ）を合計したものです。そして、ほとんどの会社で、付加価値の中から一番多く支払われているものは人件費です。そう、ＧＤＰは給与の源泉なのです。名目ＧＤＰ、正確には働く人ひとりあたりの名目ＧＤＰが増えることなしに、給与が長期的に増えることはありません。これは、皆さんの会社のひとりあたりの付加価値額が増えなければ給与が増えないのと同じです（詳細は、『ビジネスマンのための「数字力」養成講座』（ディスカヴァー携書）を参考にしてください）。

関心を持つということは、「ポイントを押さえる」ことであると言い換えることもできます。

ここで一つ質問です。初めて取引する会社に出かけたとき、あなただったら、その会社のどこを見ますか？　考えても一向に答えが頭に浮かばない人が多いかもしれませんね。それはそうです。これまでそんなことを考えたこと、関心を持ったことがないからです。でも、大丈夫です。私がこれから説明するポイントを知っていれば、そこを関心を持って見ることができるようになります。

私は、初めて取引する会社で、必ずチェックするポイントをいくつか持っています。まず従業員さんの表情が明るいか、挨拶がきちんとできているかをチェックしています。働いている人が生き生きとしていて、社員教育ができているかを見ているのです。言うまでもなく、働いている人の表情が暗い会社に良い会社はありません。社員教育は、あいさつに如実に表れます。

また、オフィスの植物の手入れがきちんとされているか、社内が片づいているかなども見ます。製造業の工場なら床がきれいになっているかどうかですね。「隅々まで清掃が行き届いている」かどうかは、会社の良し悪しを判断するうえで非常に重要なポイントになります。なぜだか分かりますか。植物が枯れていようと、工場の床が汚れていようと、本来の業務に支障が出ることはそれほどないでしょう。しかし、そういう一番後回しにされやすいところまできちんとしている会社は、きっと仕事のプロセスもきちんとしていて、お客さまにも細やかな気配りができ、お客さま志向を実践できている会社ではないかと思うのです。

会社に行ったら、従業員さんの表情やあいさつを見る、そして植物を見る、工場に行ったら床を見る――これが「ポイントを押さえる」ということです。

もちろん、これは仮説に過ぎません。しかし、仮説を立てて何度も検証し、仮説が正しかったら、それは定説になります。そうなると、いろんな会社を訪れるときに、従業員さんの状況や植物の手入れの状況や床の具合をチェックすれば、その会社の状況や「お客さま志向」がどのぐらいか、おおよそ見当がつけられます。

「仮説→検証」のプロセスについては後述しますが、「仮説を立てる」ことはとても大切です。まずは自分の仕事に直結する身近なところ――自分の会社や取引先の商品、サービス――から始めましょう。関心がある分、モノがよく見えているからです。

私は、顧問先さんに自動ドアの設置やメンテナンスを行う会社がある関係で、自動ドアを通るときは必ず、それがどこの会社の自動ドアかチェックするようにしています。顧問先さんの商品ですから気になるのは当たり前です。大多数の自動ドアは、閉まっているドアの中央部にメーカー名が入ったシールが貼ってあります。私の顧問先さんのは水色ですから、シールの色を見ればいいわけです。

こんな感じで、関心を持って見ているとモノは見えてきます。関心を持つのは、知識を身につける第一歩です。

知識を知恵に変える

ただし、知識があるだけでは、まだ理解する力は身につきません。

私が、「ビジネマンなら会計の知識を持っていて損をすることはないですよ」と話すと、すぐに会計の猛勉強を始める人がいます。そして、たいてい途中で挫折します。なんでも貪欲に吸収しようという姿勢は素晴らしいのですが、こういう人は知識を身につけること自体が目的になってしまう人が少なくありません。知識を得ることだけで満足してしまうのです。

しかし、それではお客さまの問題を解決することはできません。そもそも会計士や経理部門の担当者でなければ、財務諸表の作り方を知る必要はありません。経営者や大方のビジネスマンは、その見方や読み方が分かれば事足ります。パソコンの組み立て方を知らなくても、使い方さえ分かっていれば仕事に支障がないのと同じです。

ただし、財務諸表の読み方の知識を持っているだけでは単なる物知り、百科事典と一緒です。特にインターネット時代は、Ｇｏｏｇｌｅでキーワードを叩けばありとあらゆる情報が検索できます。情報量でＧｏｏｇｌｅに勝てる人はいません。

情報が簡単に手に入るようになった今、知識さえあれば重宝される時代はとっくの昔に過ぎ去りました。それよりも基礎的な知識をベースにして、それをいかに活かすか、つまり、いかに知恵を働かせるかが求められます。

経営コンサルタントの仕事で言えば、会計や経営の基本的な知識をベースに会社の短期、中長期的な経営戦略を考えることが、知恵の絞りどころ、腕の見せどころです。皆さんも業務上必要な知識を身につけたら、知恵を使ってそれをいかに業務のアウトプットに反映させるかを考えてください。それなしでは、まったく評価されません。そのためには、まず得た知識をとにかく何でもいいから使ってみることから始めてください。

財務分析の知識を得たら、自社の分析をしてみるなどです

複雑なことは複雑なまま捉える

経営コンサルタントとして、さまざまな会社を見てきましたが、「**世の中は複雑**」だとつくづく思います。そしてコンサル力を身につけるには、まず大前提としてこの「世の中は複雑」だという考え方を認識しておくことがとても大切です。

唐突ですが、皆さんは「多焦点眼内レンズ」というものをご存じですか？

白内障の手術をした人は詳しいかもしれません。私は顧問をしている病院の会議で、このレンズの話をうかがいました。白内障の手術をする人は人工の眼内レンズを入れるのですが、そのレンズの種類の一つが多焦点眼内レンズです。

現在、一般に利用されているのは「単焦点眼内レンズ」です。文字通り、遠くなら遠くのみ、近くなら近くのみにしか焦点を合わせることができません。これに対して多焦点眼内レンズは、遠いところも近いところも、ともに焦点が合うように設計されていて、より自然に近い形で見えて、見える範囲も広がります。

ややこしいのですが、さらに多焦点眼内レンズにも、「屈折型」と「回折型」の2種類があり、回折型のなかでも「アポダイズ回折型」というレンズは、かなりクリアに見えて、瞳孔の小さい人が多い高齢者にも適したレンズだそうです。

いいことずくめの多焦点眼内レンズですが、残念ながら保険が使えません。保険が使える単焦点眼内レンズよりも、手術代やレンズ代が高くついてしまいます。

なぜ、こんな話をするのかというと、白内障で使用される人工の眼内レンズ一つとっても、いくつも種類があって、それぞれにメリット、デメリットがあることを知ってほしかったからです。一つの事象をとっても、これだけ複雑なわけです。

そして皆さんは、ぜひそういうことを、あるがままに捉えてほしいと思います。**複雑なことは複雑なまま、そのまま認識してください**。それが、コンサル力に不可欠な「お客さまの状況を正確に理解する」ことにつながります。

もちろん私は経営コンサルタントであり、医療、それも眼科専門のコンサルタントではありません。ですから、このレンズを私の顧問先さんの病院が採用するかどうかを判断することはできません。ただ、現場ではそれぞれに複雑なことがたくさんあり、それらを集約して経営が行われているのです。その複雑なことをあまりに単純化してしまうと判断を間違えてしまいます。

原理原則に照らして、複雑なことの本質を見つけ出して判断していくしかないのです。本質を見つけ出すことと単純化することとは、全然違うことです。

ただし、世の中には複雑なことはいくらでもあり、それをすべて知識として身につけるのは到底不可能です。私は明治大学の会計大学院で4年間特任教授をしていましたが、新しい国際会計基準（IFRS）に関してすべて知っているかと言われれば知りません。でも、それでいいのです。経営に関する知識なら、かなり専門的なことまで知らなければただの勉強不足ですが、それ以外の細かな会計制度や、個々の会社が取り扱っている商品やサービスに関する知識は、概要を摑んでおけば十分です。もっと知りたければ、ネットで検索するなり専門書を読む、あるいは専門家に聞くなりすればいいのです。

問題なのは、「複雑なことをあまりに単純化して、知った気になってしまうこと」です。これは「複雑なことを、単純化して割り切ってしまう」と言い換えることができますが、それは大変危険なことです。

1と0の間には0・33もあれば0・75もあります。なんでも単純化する人は、0・33

は0、0・75は1と簡単に割り切ってしまいますが、それは絶対にダメです。白と黒の間には、グラデーションの異なる無数の灰色があります。それもないものと見なして、白か黒か、0か1と割り切ってしまう人は、世の中の複雑な事象や流れに対応できず、お客さまの問題の本質を見抜くことができません。

繰り返しますが、世の中は複雑です。しかし、それを自覚さえしていれば、知らないことが出てきても「0・33は0・33のまま認識しよう」とする意志が働きます。コンサルタントにとっては、その意志こそが大事なのです。それには、複雑なものを複雑なままに理解できる知識とともに、普段から具体的にものごとを考える習慣づけが必要になります。大雑把に考えないで、より具体的に考えるように心がけてください。そして世の中は複雑なのだと考え、分からないことは謙虚に調べる、教わる姿勢が必要です。割り切りや分かったふりは禁物です。

理解するには具体化する

物事が「具体化」できると、お客さまの状況を正確に理解することに役立ちます。

例えば、あなたは会議の場で、こんなふうに曖昧な答え方をするときはないですか。

「芳しくないですね」「だいぶ回復しました」「もう少し安くできれば、もっと売れると思うのですが……」

こんな答え方をされたら、私なら必ずこう聞き返します。

「『芳しくない』とは、先月に比べて何%ダウンしたのですか」「『だいぶ回復した』とは、前年比でいくら回復しましたか」「『もう少し安く』とは、いくら安くできればいいと思いますか」

「芳しい」「だいぶ」「もう少し」などという表現は非常に曖昧ですし、その人の思い込みや感想、印象に過ぎないことがよくあります。物事は具体化して客観的な事実をつかむことが大切です。そして、その際、客観性が高いことを具体的数字で表すようにしてください。数字はある意味、究極の具体化です。具体的な数字をあげて物事を明確化してこそ、初めて問題解決のプロセスも見えてくるのです。

もし皆さんの会話の中で「高い」「安い」「もうちょっと」「たくさん」「みんな」といった単語が出てきたら、「いくら」「何%」「何人中何人」など具体的数字に置き換えるようにしてください。習慣化すれば、だんだん物事を数字に置き換えないと落ち着かなくなってきます。そうなれば、しめたものです。単に数字化するだけでなく、さまざまなことについてより具体化を試みるようになるでしょう。

問題を解決するには、ライバル他社に比べて売上高や利益がどういう状況にあるのか、そしてその原因はどこにあるのかを、製品群ごと顧客層ごと、流通、プロモーションの違いなど、できるだけ具体的に把握する必要があります。その場合、状況をできる限り数値化や「見える化」できれば、問題を理解するうえで大いに役立ちます。

論理的思考力を養うために「仮説を立てて検証する」

お客さまの状況を正確に具体的に理解できたら、次は問題の本質がどこにあるのかを探ります。ここまでも慣れるまでは大変ですが、ここから先こそがコンサルタントの本領発揮ともいうべきところです。知識や経験を生かしながら、論理的思考力をフル回転させて問題の本質を見極め、解決策を考えていきます。

そのためには何をすればいいのでしょうか。それこそ先に述べた「仮説を立てて検証する」ことです。このプロセスを丁寧に繰り返していけば、必ず何が問題であるのかが見えてきます。少しエクササイズしてみましょう。

【ケース】　IT業界で著名な経営者から、「会社の売上げが伸び悩んでいる」という相談を受けたとします。経営者自身に伸び悩みの要因を挙げてもらったところ、「アプリやソフトの開発力が落ちているかもしれない」という答えが返ってきました。今度は現場に降りて行って、中堅幹部にヒアリングすると、「最近、社長と腰を据えて話す機会がなかなかとれない」といった不満が聞こえてきました。

まず、仮説を立ててみましょう。「会社の売上げが伸び悩んでいる」という現象の原因について、あれこれ思いを巡らすのです。経営者自身は「開発力を高める」ことが解決の糸口になると考えているようですが、本当にそうなのでしょうか。それを確認する意味でも、関係者に取材した話をもとに仮説を立てていきます。例えばこんな具合です。

【仮説】

（1）競合他社の売上げが伸びた可能性はないか。
（2）競合他社の製品や価格が変わった可能性はないか。
（3）営業回数や提案回数が減少しているのではないか。
（4）経営者の言うとおり、開発力不足で製品の優位性が落ちているのではないか。
（5）社員同士や、社長と社員の接触回数が不足していないか。

仮説ですから、この時点で間違っていても一向に構いません。ただし、高い確率で正解の仮説を立てられるようになることが、腕のいいコンサルタントの条件になりますから、よく考えて仮説を立ててください。

（1）（2）は、競合他社と比較した場合の仮説です。ビジネスは「市場における他社との競争」です。競合他社が売上げを伸ばしているから自社の売上げが伸び悩んでいる可能性は十分に考えられます。お客さまは相対的に良いと思う商品を選びます。経営者が「ソフトやアプリなどの開発力を高めなければならない」と感じているのは、競合他社に何かしらの脅威を抱いている可能性があり、そこに着目して導いた仮説です。（3）は製品には問題ないが、それをお客さまに知っていただくプロセスに問題があるのではないかという仮説です。（4）は社長が感じている問題を仮説にしています。（5）は社内の内部事情に絡んだ仮説です。実は、問題の本質は内部に潜んでいたというのはよくあることです。

このように仮説を立てたら、それが正しいかどうか検証します。検証には、「経過観察する」「ヒアリングする」「問題を分解するためのツールを使う」などの作業を行います。ツールとは、例えば、製品（Product）、価格（Price）、流通（Place）、プロモーション（Promotion）、提携（Partner）など「マーケティングの5つのP」や、お客さまが何を求めて商品やサービスを購入するのかを探る「QPS（クオリティ、プライス、サービス）」、あるいは外部環境や内部環境を分析するシートを使うなどします。

要は、いろいろなフレームワークを活用しながら細かく分析し、深く掘り下げて検証していくのです。先ほどの仮説を検証すると、次のような結果が出たとします。

【検証結果】（1）競合他社の売上げを検証したところ、少し落ちているものの、特に大きな変動はなかった。シェアの変化もほとんどなかった。
（2）競合他社の製品や価格を検証したところ、特に変化はなかった。
（3）営業人員、体制も以前と変わりがなく、各人の顧客訪問回数にも大きな変化はない。ただし、各人の売上げにばらつきがあり、その結果、売上げが全体としては落ちている。
（4）開発体制、人員にも以前と大きな違いはなかった。
（5）コミュニケーション不足を検証したところ、おおいに当てはまった。多くの従業員が、特に社長と意思疎通が図れないことに不満を抱いていた。

（3）をさらに詳しく検証すると、ある特定の業種に提供しているソフトウエアの落ち込みが大きいのと、一部の営業マンの成績が落ちていることが分かりました。実は、その業種が海外展開を加速させており、日本だけでなく海外からもソフトウエアを調達していたのです。
また、一部の営業マンの成績が落ちていたのは、成績評価の点で不満があるためでした。しかし、そのことを十分経営者が理解しておらず、経営者とのコミュニケーション不足がモチベーションを落としていたということも分かりました。

深掘りするために「さらに仮説を立てて検証する」

もうお分かりですね。売上げの伸び悩みには複合的な要因があったのです。こうなると三つ目と五つ目の仮説が、売上げ伸び悩みの本質である可能性が高まってきます。ただし、この段階ではまだ仮説が証明されたことにはなりません。もう一歩進んで、業界の海外進出は今後も続くのか、さらになぜ社内でコミュニケーションが不足しているのか、その原因まで探らないと、問題の本質、根本原因までたどりつきません。
そこで、さらなる仮説を立ててみます。

【再び仮説】ある業種の海外進出は今後も続きそうである。

経営者が社外のイベントなどで忙しすぎて、社内の意思疎通に十分時間を割けていないのではないか？

仮説を立てたら再び検証です。その業種について調べると今後も海外進出は続きそうで、国内は縮小傾向になりそうです。また、経営者に改めてヒアリングすると、「確かに忙しかった。IT業界の会合やテレビ出演など、社外のスケジュールで予定がぎっしり埋まっていた」ということが分かりました。

単純なケースで解説しましたが、このように仮説と検証を繰り返していくと「売上げが伸び悩んだ」問題の本質は2つあり、ある業種の海外進出の加速化と経営者の社内に割く時間が少なすぎたことに行き着きます。ここまでくれば、あとは海外対応するのかしないのか、あるいは、その業種に対する方針を変える（例えば止める）のかどうかを決めればよいことになります。また、社長には社内コミュニケーションに充てる時間を十分に確保してもらい、さらには従業員のインセンティブ体系を変えるかどうかなどを検討していきます。

もちろん、どこまでいっても仮説ですから、結果をフォローしてＰＤＣＡサイクル（plan→do→check→action）を回していくということになります。

こうしたアプローチを行うのは、別にコンサルティングの現場だけではありませんよね。ブティックで洋服をお客さまに提案する場合も同じです。いろいろと提案しているのに、どれも気に入っていただけないお客さまには、別のところに不満があるのかもしれません。友人と同じデザインのものを着たくないとか、年齢にふさわしいと思うものをこちらとしては提案していたのが、自分では実際の年齢よりもずっと若く見えると思っていて、もっと若向きのものを提案して欲しいと思っていたとかです。

なかなか本音を言わない人が少なくありませんから、さまざまな角度から仮説を立ててみることが大切です。

仮説を立てて、それが正しいかどうかを検証する。この行為そのものが、論理的思考力を高めることに直結します。論理的思考力とは、物事を深く掘り下げて考える力のことなのです。この場合もバイアスをかけずに、素直にいろいろな角度から仮説を立てていくことが大切です。いろんな立場の人から聞き取りをして仮説を立てていきますが、

理論的思考力のイメージ図

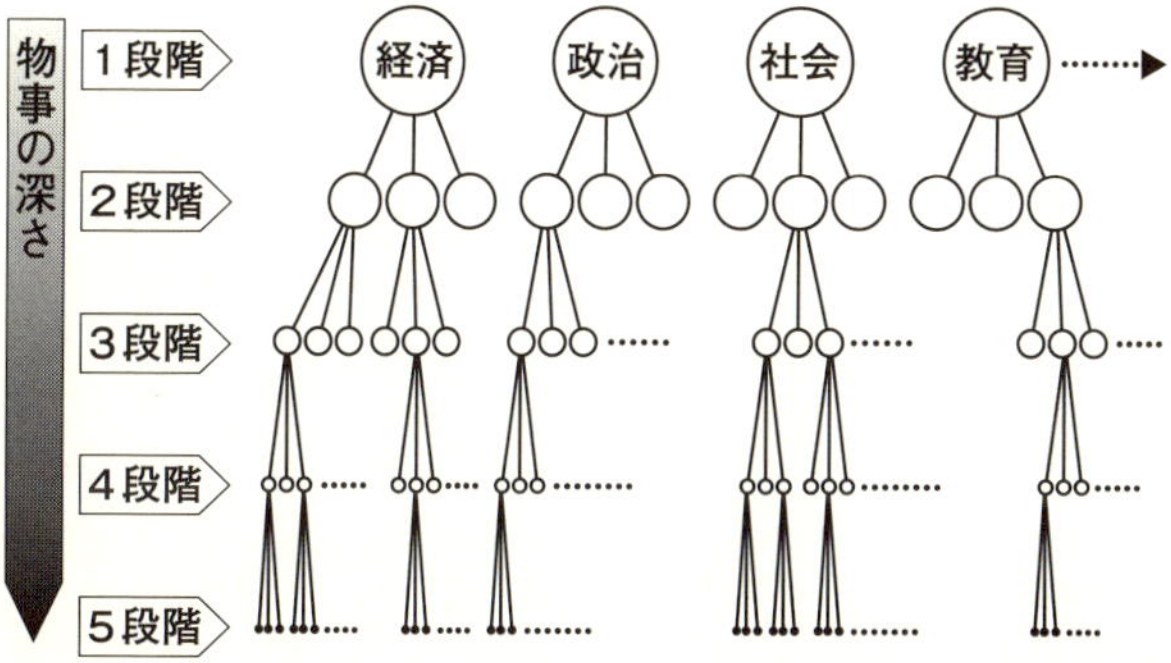

頭から「Aさんは正しくてBさんは間違っている」などと思わないようにしてください。

上の図を見てください。私は常々、論理的思考力にはレベルがあると思っています。仮に1〜5までの5段階あるとすると、1や2の段階ではまだまだ論理的思考力に深みはありません。でも、この段階にいる人ほど自分の思考力が浅いことに気づいていません。物事には、さらに深いレベルがあることを知らないからです。

しかし論理的思考力が高まり、レベル3程度までいった人は、物事には、おそらくもっと深いレベル4や5、あるいはそれ以上先があることを認識するようになります。自分には知らないことがいっぱいあるのだということを自覚するのです。すると今まで以上に物事をより深く見ようと心がけるため、論理的思考力に磨きがかかります。

論理的思考力を養うには、日頃から、いろんな物事に対して「なぜ」「どうして」「それで」などと問いかけ、具体的に分析して検証するクセをつけることです。そのための訓練としては、毎日、新聞を読むことをおすすめします。新聞の読み方や勉強の仕方については、第2章をお読みください。

3　コンサル力その3「関連づける」

ひらめきが生まれる

ここまで、「話を聞く力」「理解する力」についてお伝えしてきました。聞いて理解するだけなのに、ものすごくいろいろなスキルやノウハウが詰まっていることが分かっていただけたことと思います。

結局、コンサル力は「誰でもできることを、いかに深くできるか」が問われているといえるかもしれません。**誰でも得られる情報をもとに、より深く考えられるのが良いコンサルタントだからです。**奇抜なことを考える必要は一切ありません。より深く考えることができれば、実は準備も必要ありません。物事を見れば自然と正しい答えを導き出せるからです。

そして、より深く考えることとともに重要なことは、さまざまなことを関連づけることです。私はこの関連づけを「ひらめき」だと思っています。

ここからはこの関連づけ、つまりひらめきについて説明しましょう。

「**関連づける**」能力もコンサル力に欠かせないものです。これもコンサルタントだけでなく、できるビジネスマンには必須のスキルです。「関連づける」とは、気になる現象（あるいは情報）がでてきたときに、そこから関連づけられる出来事などとリンクさせながら、より思考を深掘りしていくことです。51ページに出てきた「**論理的思考力**」にも、おおいに関係します。

お客さまの話を聞いて内容を正しく理解できたとしても、そこから問題の本質を探って解決策を導き出すまでには、過去の事例や使えそうなフレームワーク、新聞の関係記事など、多岐にわたる現象や情報を「関連づけ」なければ答えにたどりつきません。その意味で「関連づけ」は本当に大切です。

普通なら考えつかない関連づけができることを「ひらめき」というのだと私は考えています。もちろんそれにはベースとなる知識とその整理が必要であることはいうまでもありません。

もう少し詳しく説明しましょう。左の図を見てください。

人間の頭のなかには、いくつもの引き出しがあると考えてみます。引き出しの一つひとつには、「マーケティング」や「会計」「戦略」「経済」といった「タイトル」がついています。知識が増えると、さらに細かな分類でタイトルがつくようになります。例えば会計なら、「財務会計」「管理会計」「国際会計基準」といった具合です。

そして、それぞれの引き出しには、「知識」や「情報」「経験」などが中身として入っています。「関連づけ」をする第一歩は、この引き出しの数と中身を増やすことです。

頭の中には「引き出し」がある

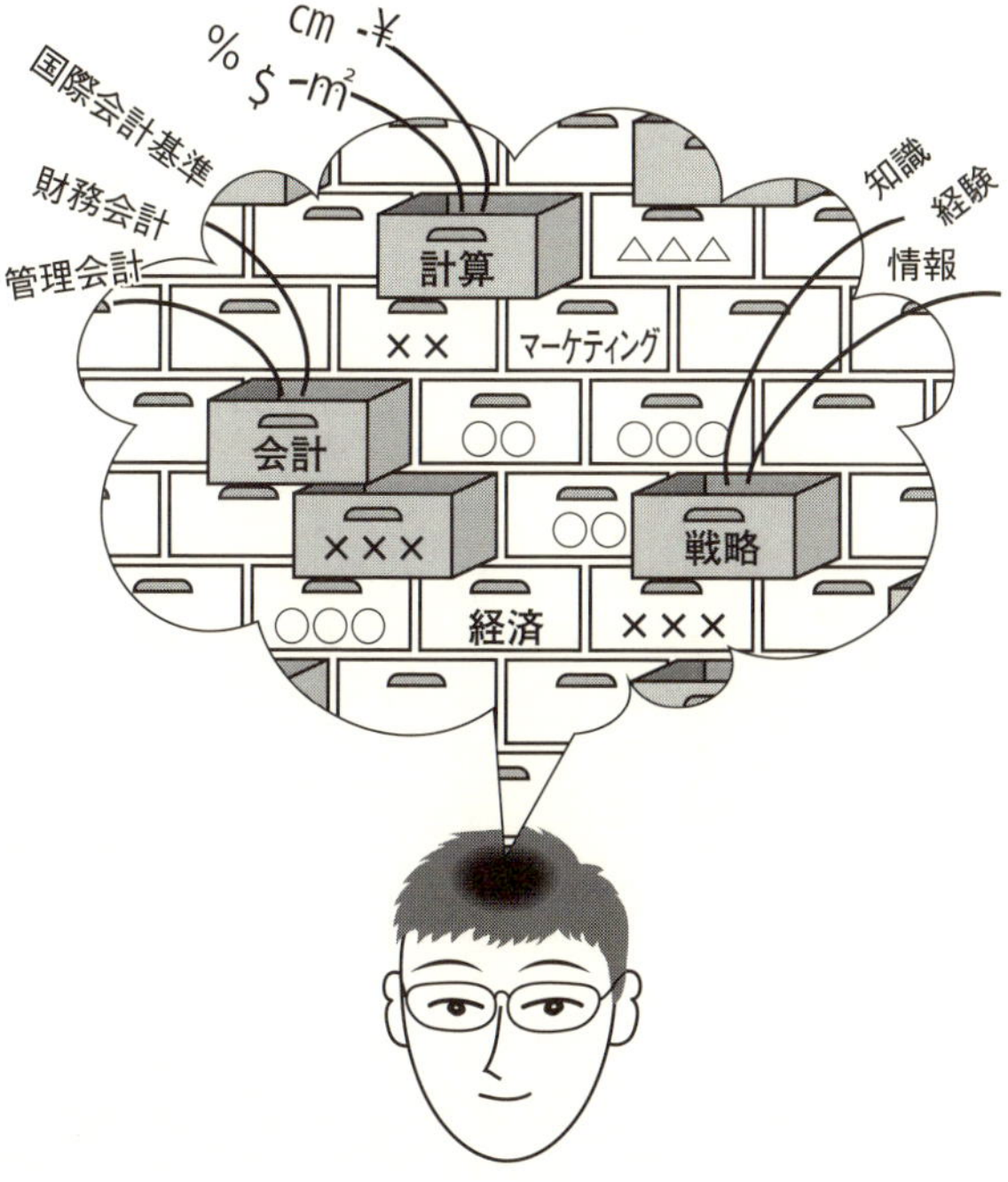

引き出しがない、あるいは引き出しがあってもその中身がなくて空っぽなままでは、関連づけたくても頭が働きません。

引き出しを作るポイントは「関心」です。関心を持てば引き出しができます。仕事でも趣味でも何でもいい。日頃から意識して、さまざまなことに興味を持ち、関心の幅を広げることです。すると関心を持った分野の引き出しが頭の中にでき、知識や経験を得た時に、その引き出しにそれらが分類されて中身として入っていくのです。

私の頭のなかをイメージしてみると、毎日読んでいる新聞からの情報、マクロ経済の数字や定義、顧問先の企業さんやその他の関心のある企業の財務内容、あるいは問題解決のためのフレームワークをはじめとするいろいろなツール……これらそれぞれの引き出しに入っています。もちろん仕事以外にも、家族や友人に関わること、趣味に関すること、ニュースや雑談から得た情報など、さまざまなものが引き出しに分類されて入っています。

数を増やすと同時に、一つひとつの引き出しの中身の「質」を上げようと意識することも大切です。定義の曖昧な言葉はすぐに調べる、数字が出てきたら必ず裏付けをとることなどを習慣づけていると、自ずと質の高いものを収められるようになります。とりあえずポンポンと引き出しに入れておき、あとで語彙や数字を調べて質の高い情報にアップグレードしてもかまいません。自分がやりやすい方法で構いませんから、質の高さを追求することを忘れないでください。

また、引き出しは「整理整頓」も大切です。例えば、引き出しに入っているものよりも、今、読んだ新聞記事の方がより具体性があるのなら、そちらに引き出しの中身を差し替える必要があります。世の中は日進月歩ですから、毎日、新聞や雑誌などの情報源に接することが求められます。それにより中身が自然に入れ替わります。

関心の幅を広げることで引き出しを増やし、情報や経験を積み重ねて引き出しの中身を充実させ、そして、それを使ってお客さまの問題の本質を考えていけば論理的思考力はどんどん高まっていきます。そして、その過程で、引き出し同士の中身をくっつけながら考えられるようになれば、それこそが「関連づけ」です。繰り返しますが、「ひらめき」と言えるものです。

ひらめきとは、あるとき突然、思いつくようなイメージがありますが、まったく違います。ある事象を聞いたとき、今まで蓄積してきた引き出しがさっと開いて、その中身と関連づけていく。これが、ひらめきではないかと私は思っています。

取引先に電話したら、いつもは3コール以内でとるのになかなか出ない。しかも、それが何度も続いた。こんなときに、「いつもより電話に出るのが遅い」という事象から、

「人を減らしているのかもしれない」「業績が悪化しているのかも……」「逆に注文が多くて忙しすぎるのかもしれない」などと連想する——これがひらめきの第一歩です。

新聞記事の〝裏〟が分かる

私は日経新聞の読み方に関する講演を依頼されることがありますが、日経新聞の愛読者が講演終了後に、「目から鱗が落ちた」とたいそう喜んでいただいたことが一度や二度ではありません。先ほど説明した「誰でも得られる情報を普通の人より深く考えること」と、「記事どうしの関連づけを行うこと」をお教えするからなのだと思います。

当たり前ですが、日経新聞の記事を単に声に出して読み上げる講演ではありません。その日の新聞記事を題材にして、さまざまなものを「関連づけ」ながら、記事の裏に潜む問題点や、社会的、経済的な背景などを解説しているのです。

新聞記事自体は正確な事実を淡々と述べた無機質なものですが、いろいろなことと関連づけて読み解いていけば、決して大げさではなく、その背景にあるダイナミックな世界経済の動きまで見えることがあります。本来、新聞を読むのはすごく面白いことなのです。
実際の日経新聞の記事を使って説明しましょう。

「復興債」発行で国債計画見直し
10兆円規模増発の公算

財務省は今夏をメドに2011年度の国債発行計画を見直す。24日施行される復興基本法に、東日本大震災の復興財源を確保するための「復興債」の発行が盛り込まれたため。第1次補正予算にあわせて財務省がまとめた現行計画では171兆5943億円の国債発行を見込んでいるが、復興債の発行で**10兆円規模の国債増発**となる公算が大きい。現行計画では8割超の約145兆円を金融市場を通じた入札で発行する予定。
財務省は市場金利への影響を抑えるため、復興債の発行ではあらかじめ設けている約8兆円の国債の追加発行枠の一部を使う方針だ。

（2011年6月22日付　日本経済新聞朝刊）

まず、知識として頭に入れたいのが「復興債」です。記事にも書いてありますが、復興債とは東日本大震災の被災地の復興に必要な財源を確保するために政府が発行を検討している新たな国債です。その金額が10兆円規模になりそうだというのが、この記事の趣旨です。

「10兆円規模」という数字を見て、「ふーん」と流して読んでいるようではダメですよ。今の財政状況や金利水準と「関連づけ」して考えるとどうでしょうか。例えば2009年に入ってから、「新発10年国債利回り」は、じわじわと上昇しました。財政状況が悪いので赤字国債を大量に増発したからです。国債を発行しすぎると、需給の関係から金利を高くしないと投資家に国債を買ってもらえないのです（ただし、その後は欧州の債務危機などで相対的に安全な日本国債が買われ、金利は低下しました）。

ただでさえ景気が低迷しているときに、長期金利が上昇するとどうなるか。資金調達コストが増大しますから、企業が設備投資したり個人が住宅を購入したりする意欲が減退します。そして、そのことによって、ますます景気は落ち込んでしまいます。

さらには「10兆円」という数字は、偶然ですが、このところの毎年の国家予算での国債などの利払い費と同額です。元金が1000兆円ほどありますから、金利が低いと言っても膨大な利払いを毎年しているわけです。ということは、金利が少しでも上がると大変なことも分かりますね。

そんな状況のなかで10兆円の復興債が出るのです。どうですか、こんな具合にどんどん「関連づけ」をしていくと、ニュースを複眼的に見ることができますよね。

「復興債」が出てきたら国債や金利、さらには政府の財政赤字や予算などについて考えてみる、よく分からなければ調べてみる——こうした訓練を積んで行けば、どんどん引き出しに質の高い情報がインプットされ、同時に深く考える論理的思考力や関連づけるひらめき力も身についていくようになるでしょう。

4　コンサル力その4　「話す力」「書く力」「説得する力」

「話す力」はバリューとインパクトが勝負

話を聞く、理解する、関連づける。ここまでお伝えしてきたスキルを磨いていけば、お客さまの状況を正確に理解し、それを**分析**しながら**問題点を探り**、**解決法や改善策**を導き出す、すなわちお客さまの問題を解決するコンサル力は相当鍛えられると思います。

ただし、ここまでは、いわばインプットです。コンサルタントには問題の解決策や改善策について、お客さまに話したり書いたりして説得する力、つまりアウトプットも必要になります。

アウトプットのなかでも大切なのは話す力です。お客さまにいかに話すか、伝えるかは、苦手にしている人も多いようですが実は大変大切なスキルです。

大勢の人の前に出ると緊張して話せないという話をよく聞きますが、緊張するかどうかは「慣れ」の要素が大きいですね。私の場合、年間200回近く全国各地で講演や研修をさせてもらっているので、数百人の前で話してもいっさい緊張しなくなりました。ただし、何を話すかは必ず講演前に、ある程度の構成を考えます。テーマはあらかじめ決まっていますから、それをもとに「何をどこまで話すか」を少し考えておくのです。といっても内容は十分に理解していることですから、せいぜい5〜10分程度です。

構成を考えることは、先に説明した知識や情報の引き出しをあれこれ引っ張り出して組み合わせる作業を意味しますから、論理的思考力を高める訓練にもなります。事前に構成を考えておけば、理路整然と過不足なく話ができます。

もちろん引き出しの中身は、普段から準備して身についているものでなければなりません。付け焼き刃ではお客さまに失礼です。また、思いつきでだらだらと話をするのも、時間を割いて来てくれたお客さまに迷惑です。

講演だけでなくお客さまと話をするときも、大事なことや複雑なことは事前に何を話すか簡単にメモしています。準備をしておくと、こちらも話しやすいですし、お客さまにも明確にメッセージが伝わるように思います。それほど時間のかかることではありませんので、話す前には準備することを心がけましょう。

もう一つ、私が気をつけているのが「どこから話すか」です。これは、けっこう時間をとって考えますね。同じGDPの話をするにしても、相手に与える印象がずいぶん違ってきますから。例えば、次の2つのような場合は、どうでしょう。

①「GDPとは国内総生産です。現在の日本のGDPは469兆円で〜」

②「GDPが下がると、私たちの給与も下がる可能性があることを知っていますか？ GDPとは国内総生産のことですが〜」

「どこから話すか」は、「バリュー」と「インパクト」を考えることにもつながります。ここでいうバリューとはお客さまにとっての価値です。価値のあることをお話ししないと相手には伝わりません。GDPについての知識がない人に話す場合、GDPと給与が関係しているという後者の説明方法を選べば、興味を持ってもらえると思いませんか。給料に関係していると聞くと、相手が話に価値を見出すわけです。このように、身近な題材に関連づけたりしながら、できる限り相手が興味を持つように話しましょう。

一方、インパクトとは話の山場をいくつか用意することです。相手に訴えかけて、相手の気持ちをぐっと引きつける仕掛けです。この場合は話し方も重要になります。

文章で言えば、序論―本論―結論という流れがありますが、それと同じで、それぞれの場面のバリューやインパクトを考えて、その個所を意識しながら話すと、だらだらせず、適度に強弱をつけながら話ができるようになると思います。また、あくまで内容しだいですが、最初に結論ありきで話す方がいい場合もあれば、最後まで結論は後回しにした方がいい場合もあります。

とにかく、話す相手が誰であるのかを意識することです。学生に話すのかビジネスマンなのか、経営者か新入社員か、あるいは主婦向けなのかなど、を十分に理解し、相手の知識や経験、理解度なども考慮したうえで、相手は何に「バリュー」を感じるのか、どこでインパクトを出すのかを事前によく考えてください。

お客さまに話をするときは、「いつ話すか」も吟味したいところです。忙しい時などは相手の心理バリアが高くなっていますから、聞いてもらえない場合が多くなります。また、内容によっては、会議室より飲み屋の方がいい場合だってあります。

要は話すときも、「相手の立場に立って」を徹底するのです。そうすれば、何をどう話すか見えてきて、話す力も身につくはずです。

「書く力」は子どもに説明するつもりで

「話す力」と「書く力」には相関関係があります。事前に構成を考えておくと良いという話をしましたが、構成を立てることは書く作業でもまったく同じです。したがって、書けば書くほど構成を組み立てる力は上がりますし、同時に話す力も上がっていきます。

実際、私は物を書くようになってから、それまで以上に話す力が身についたと実感します。本を書くときは、タイトルや章立てを事前に考えて、それぞれの章をどういう内容にするかまで綿密に練ってから書きますから、間違いなく論理的思考力が向上します。その結果、頭のなかで理路整然と整理しながら話す力も自然と上がったように思います。

ですから皆さんも、社内のレポートや提案書など「書く作業」は率先してやるようにしてください。メールの文面ひとつとっても書く力の差は如実に表れます。簡単なビジネスメールを相手に送るときでも、実は論理的思考力が求められています。要点を簡潔にまとめなければならないのはもちろん、どんな順番で書くべきか、何を最も伝えたいのか、そのためには何から書き始めればいいのか、などを考えながら書くクセをつけてください。

書く力を伸ばすには「子どもに説明するつもりで書く」ことを心がけるといいと思います。以前、ある新聞で子ども向けニュースのインタビューを依頼されたことがあり、その時にこのことを教わりました。

そのときのテーマは「GDP」でした（GDPの話ばかりですみません）。経済がよく分かっている大人に説明する場合は、「GDPは国内総生産で、一定期間内に国内で生み出された各企業の付加価値の総額です。各企業の付加価値は売上高マイナス仕入れで表すことができます」と表現すればいいのですが、子どもが相手の場合は「付加価値」などという単語から説明が必要になります。しかし、これが実に厄介です。「付加価値」を辞書で引けば、「生産過程で新たに加えられた価値」と出ていますが、すると今度は、「生産過程」や「価値」という単語の説明が必要になります。説明するのに、いつもの何倍も時間がかかってしまいました。

でも、これが大事なのだと強く実感しました。子どもにも分かるほど噛み砕いて書くことができる人は、誰に対しても分かりやすい文章を書くことができます。同様に、誰に対しても分かりやすく話すことができるはずです。論理的思考力をアップさせるトレーニングとしては最適ではないでしょうか。

「説得する力」は相手との信頼関係に比例する

問題の解決法や改善法を提案するときは、お客さまを「**説得する力**」も求められます。

ただし、ここでいう「説得する」というのは、こちらの意見を相手に押し付けることではありません。お客さまが納得して、それならやってみようと思う——これこそが説得にほかなりません。

つまり、「説得する力」というのは、お客さまとの信頼関係によるところが大きいのです。お客さまがコンサルタントを信用しているからこそ、「この人の言うことだからやってみよう」と思うからです。**お客さまと信頼関係を築くこと**。コンサルタントに限ったことではありませんが、**およそビジネスをする場合は、まずやっておかなければならないことです**。

信頼関係を築くには、その前提としてお客さまとコンサルタントのビジネスに対する考え方が合致していなければなりません。「金儲け第一」を目的にしているお客さまと、「お客さま第一」を目的にしているコンサルタントでは、相容れる要素がなく、一緒に仕事をしてもうまくいくはずがありません。

お客さまとコンサルタントが「気が合う」「ウマが合う」というのも、実はすごく大切な要素です。どんなに正論を述べたとしても、「こんな人の言うことなんか聞きたくない」と思われることだってあるのです。「虫が好かない」と思われたら最後、何を言っても否定されてしまうことになりかねません。

そうならないように、できれば時間をかけてお客さまとの信頼関係を築いていってください。時間を長くかければかけるほど、お互いに人間性を見極めることができます。

そうして長い時間をかけて培われた関係は「本物」です。

私は、「5年以上の付き合いがないと企業の顧問や役員は引き受けない」という自分なりの基準を設けています。これは長いコンサルタント人生のなかで試行錯誤しながら確立していった基準です。1~2年では、お互いに信頼に足るとは言い切れません。5年間ぐらい付き合って初めて、人も会社もよく見えてきます。当然、相手側もその間、私を値踏みしています。そのうえでお互いが「付き合いたい」と思うのなら、間違いのない関係ができると思うのです。

よく知らない会社のコンサルタントを安易に引き受けて、もし、その会社の経営者が社会倫理に反することをしようものなら、それは私の信頼を失墜させるだけでなく、私が顧問や役員をしている他のお客さまにも大きな迷惑となります。

相手をよく見極めないで判断してしまうと、こういうリスクもありますから、できるだけ時間をかけて信頼関係を築くことが大切だと思っています。

第1章のまとめ

コンサル力を高めるには、6つのスキルと、それぞれの詳細をきちんと理解していなければなりません。チェックシートをもとに確認してください。

- □ コンサルタントに必要な6つのスキルを理解しているか ……▼P17
- □ 相手の話を聞くとき、バイアスをかけて聞いていないか ……▼P25
- □ コンサルタントは、アイデアがあるほど問題が解決すると思っていないか ▼P27
- □ ノイジー・マイノリティの意見に振り回されていないか ……▼P30
- □ 常識と言われていることを鵜呑みにしていないか ……▼P32
- □ 経営の2つの原理原則を理解しているか ……▼P34
- □ 「知識」がなくても、お客さまの状況を正確に理解できると思っていないか ▼P36

□ ものごとを見る上でのポイントを持っているか……▼P40
□ 「知識」を得るだけで満足していないか……▼P44
□ 複雑なことを単純化して知った気になっていないか……▼P46
□ 「もう少し」「だいぶ」など、曖昧な表現を使うクセがついていないか……▼P49
□ いろんな物事に対して「仮説を立て、検証する」を心がけているか……▼P51
□ 「ひらめき」が、ある日突然、思いつくものだと勘違いしていないか……▼P60
□ 新聞記事の〝裏〟まで読めているか……▼P66
□ 話すとき、「バリュー」と「インパクト」を意識しているか……▼P70
□ 「書く」ことが論理的思考力を高めることを自覚しているか……▼P74
□ お客さまとの信頼関係を築くことを重視して仕事をしているか……▼P76

第2章

コンサルタントの勉強法

「知らない、けれど、知りたい」を提供

第1章でお伝えしてきた、「聞く」「理解する」「関連づける」「話す」「書く」「説得する」の6つのスキル。これらのコンサル力を磨くには、どのような勉強をすればよいのでしょうか。本章では、コンサルタントに求められている役割と、それを強化するための勉強法について紹介していきます。

私は経営コンサルタントとしてたくさんのお客さまにお会いし、さまざまな問題を解決していくなかで気づいたことがあります。

それは、**経営コンサルタントは「お客さまが知らない。だけど、すごく知りたいこと」を提供するのが仕事だということです。**

経営者が「よく知らないけど、すごく知りたい」と思っていることの一つが、**マクロ経済**です。それから他社の成功事例や失敗事例。究極的には成功するための原理原則も知りたいことの大きなテーマです。

まずマクロ経済ですが、世の中の動きは刻一刻と変わります。新聞やニュースで得た

情報から、世界全体の経済情勢がどうなっているのか、短期的、中長期的にどう変化する可能性があるのかを体系づけて知りたい人はいっぱいいます。もちろん経営者たちは日経新聞やニュースなどでマクロ経済の動向はつかんでいますが、忙しすぎるため体系立てて勉強するのが難しいのです。

もう一つは**他社の成功事例や失敗事例、**そしてその成功や失敗の本質です。

さまざまな企業の成功事例、失敗事例を間近で見ているのが経営コンサルタントです。ですから、成功したところはなぜうまくいっているのか、失敗したところと同じ轍を踏まないようにするにはどうすればいいのかを教えてほしいという声をよく聞きます。経営者は自社の業績を上げることを責務としていますから、そのことにはどうしても関心を持たざるを得ないのです。

そして、コンサルタントは現象だけでなく、その本質を知り、それを伝えることも大切な仕事です。私は、人生の師である曹洞宗円福寺の故・藤本幸邦老師から「小宮さんの仕事は経験を集約することだね」と言われたことがありますが、まさにその通りです。**多くの会社で起こっていることを集約し、その本質を見つけ出すのが私の仕事なのです。**

私のセミナーに参加されている多くの経営者も、一番知りたいことの一つはこのことだと思います。

会計・財務についても知りたい人がとても多いです。経営者は、財務諸表を見る専門家ではありませんから、どこが良くてどこが危ないのかをアドバイスしてほしいし、さらにはその見方を教えて欲しいのです。

これらは一朝一夕で簡単に分かるようになるものではありません。だからこそ経営コンサルタントに教えてほしいと思うのです。ちょっと辞書を引けば簡単に分かるようなことなら、わざわざお金を払って私を雇う必要はありません。

経営コンサルタントは、第1章で見たお客さまの問題を解決する力を身につけるとともに、経営者が知りたいことについても、いつでも答えられるようにしておかなければなりません。そのためには、勉強することが欠かせません。これからお伝えする勉強法はすぐ身につくものではありませんが、コツコツと取り組めば着実に成果が出るものばかりです。コンサル力をつけるためにも、ぜひとも実行してみてください。もちろん経営者や将来経営者を目指す人にも大いに参考になることです。

1　マクロ経済は難しくない

新聞を読むと見えてくる

マクロ経済の理解を深めたいと思ったら、毎日、新聞を読むこと、これに尽きます。「新聞なんて誰でも読める」と思っている人がいたとしたら、それは大きな勘違いです。第1章でも話しましたが、誰でも得られる情報から多くの人が得られない本質や知恵を得ることこそが本物です。「特殊な情報」で勝負してはいけないのです。会議の出席者全員が持っている同じ情報から、独自の結論や判断ができるかが重要なのです。

確かに一つの記事を単に読むだけなら、誰でもできるでしょう。しかし、私の言う「新聞を読む」というのは、たった一つの記事からでもさまざまな事象と照らし合わせをしていけば世の中の流れまで摑むことができる――こういう読み方を指しています。

例えば、ここ数カ月の新聞を読んでいると、「レアアースの高騰」に関する記事をよく見かけます。試しに、次の記事を読んでみてください。

レアアース急騰　1カ月で3倍弱の品目も　中国が管理強化　車など影響懸念

ハイブリッド自動車や省エネ家電に使うレアアース（希土類）の値上がりが加速している。強力磁石用のジスプロシウムは1カ月間で3倍弱に上昇し、貴金属の銀を大きく上回った。世界生産の9割を占める中国の政府が5月下旬に生産・輸出管理強化を表明し、供給不安が強まった。異例の高騰や供給減が長引けば自動車や家電の生産に影響が出かねない。

（2011年6月25日付　日本経済新聞朝刊）

この記事の趣旨は「世界生産の9割を占める中国が生産・輸出管理を強化したために、レアアースが高騰している」ということですが、ここで思考を止めてはいけません。この短い記事から何が読み取れるか、よく考えてください。

そもそも、なぜ中国は生産・輸出管理を強化したのでしょうか。それを知るには、今の中国の現状をある程度理解していないと読み解けません。

私がこの記事を読んで真っ先に思ったのは、中国の貿易収支が悪化していることです。中国は2011年の2月以降、貿易収支が落ち込みました。毎年この時期は春節（お正月です）の影響で輸入が増えて貿易収支は悪化しますが、11年の貿易赤字は金額がとても大きかった。ただし、中国の輸出が悪いわけではありません。輸出は前年比で2割近く増えています。しかし、輸入が3割も増えてしまいました。その結果、輸出より輸入の伸びの方が大きいために貿易収支が落ち込んだのです。

なぜ輸入が伸びたかといえば、世界的に資源の値段が高騰しているからです。アメリカの金融緩和（QE2）でドル資金が世界にジャブジャブに供給され、その資金が資源に向かった結果です。

私は、中国は貿易収支の落ち込みを挽回しようと、レアアースを値上げして輸出で少しでも稼ごうとしているのではないか、と考えました。もちろん、巷間言われていたように、戦略物資を人質にする形で外交上の地位を優位に保とうとしていることも間違いないでしょう。しかし、貿易収支など別の事情も同時に考慮する必要があるのです。

さらには、インフレ抑制のために経済成長をある程度犠牲にせざるを得ず、そのためにも少しでも多く貿易黒字を稼ぎたいという思惑もあったかもしれません。

一つの記事から、さまざまなことを深掘りするクセをつけておけば、このぐらいの背景はすぐ見えてくるようになります。レアアースの高騰自体は、どの新聞にも出ている、ありふれた情報です。しかし、それに新しい見方、考え方を加えてお客さまにお伝えする、それが経営コンサルタントに求められているマクロ経済の解釈なのです。

「深くものを考える」という習慣は、企業の経営を見るときはもちろん、さまざまなビジネスシーンでとても役立ちます。そのための訓練が毎日新聞を読むことなのですが、それには少しコツがあります。ここからはそのコツをお伝えします。

新聞のなかで気づいたことはすかさずメモする

ビジネスマンなら、毎日、新聞を読むぐらいのことは当然、やっていることでしょう。

ここで言いたいのは、その際に、分からない言葉やキーワードが出てきたらすぐに調べることを習慣化してほしいということです。

これは基礎知識を身につけるための基本動作ですから、必ず実行してください。先ほどの記事でいえば、「レアアース」や「貿易収支」、「QE2」という言葉です。これらのキーワードを、なんとなくではなく、語彙や意味をきちんと他人に説明できるようになるまで、調べて勉強してほしいのです。

また、新聞を読んでいて、気になったことは必ずメモする習慣もつけてください。一日ひとつでもかまいません。メモすることが、コンサル力の強化に欠かせないのです。

例えば、「レアアースの高騰」とメモします。メモするということは、何かしら引っかかる、関心があるからです。第1章で説明した、引き出しやその中身を増やす作業を思い出してください。論理的思考力を働かせ、物事を関連づけて自分のモノにしていく、その作業を始めるきっかけにするのです。

記事のメモを続け、項目が増えてきて、ときどきそれを見返すことを行っていると、そのうちに記事間の関連づけが見えてくるようになります。そうなると先ほど説明したように、「レアアースが高騰した背景には何があるのだろう」と、〝その先〟を考えるクセがついていきます。いろいろなことを関連づけて考えた結果は「仮説」ですから、今度はそれを検証していけばよいのです。

「中国の貿易収支が悪化したことと関係しているのではないか」と仮説を立てたら、中国政府が発表している月別の貿易収支の数字を調べます（日経新聞の「景気指標」に3週に一度、掲載されます）。そういう作業を積み重ねていけば、レアアースを取り巻く中国や世界の経済状況がだんだんと見えてくるのです。さらに同じ事象について経過観察をしていれば、仮説が正しいかどうかも見えてきます。

もちろん、最初からいきなりここまでやるのは難しいでしょうから、**まずはメモする習慣をつけるだけで十分です。ただし、メモして調べたことは時々、読み返すことをお勧めします。自分が何に関心を持っているのかを確認できるからです。**自分の関心のあることは、共通していることが多いものです。それが分かれば、その分野を集中的に深掘りすれば飛躍的に力がつきます。

当社では「後継者ゼミナール」や「コンサルタント養成講座」を通年で行っています。受講生には、ここで説明した「新聞を読んでメモする」作業を毎日行ってもらっていますが、全員の経済を読む力が確実に高まっていることをいつも感じています。中にはプロ並みになった人もいますが、それには何よりも「続ける」ことが肝心です。

これは訓練ですが、こんなに面白い訓練はないと思います。世の中は動いていますから、新聞は読んでいて飽きることがありません。ちなみに私は、日経、日経産業と一般紙（読売新聞）の3紙を欠かさずに読んでいます。両方読むのは、経済紙では経済や金融の動向、企業活動についての情報を、一般紙では日経が弱い政治のニュースなどを知るためです。同じことを扱っていても両者で紙面上の大きさが違うことがありますし、論調が違うこともあります。そういう比較をする意味でも読み比べをしています。

新聞を読み慣れていないという人は、ビジネスマンならまずは日経を読んでください。少し慣れて余裕が出てきたら一般紙も読んでみるといいと思います。

新聞は1面から読む

新聞についてもう一つ付け加えておきます。

新聞は1面から読むことが大切です。なぜかというと、新聞社が読者に知ってほしい順番で1面のトップ記事から紙面の配列を行っているからです。「興味のある記事だけを読む」というのはよくありません。皆さんの関心事が社会の多くの人が関心を持つことと同じとは限りません。**ぜひ皆さんの関心を、社会の関心事に合わせてください**。それができた人が、自分のビジネスを社会に合わせることができる人なのだと思います。

そのためにも必ず1面のトップ記事から読んでいく習慣をつけてください。記事をすべて読む必要はありません。見出しだけでもいいですから、1面から順に飛ばさずに見ていく習慣をつけてください。繰り返しますが、社会の関心事に皆さんの関心を合わせることが社会の流れを見る上でとても大切なことなのです。

テレビやインターネット、雑誌も大切

新聞以外の日々の手軽な情報源には、テレビやインターネットがありますね。

テレビは新聞に掲載されている事象を追跡取材してくれたり、それに関する生の声を拾ってくれたり、けっこう役に立つ情報を取り上げてくれることがあります。自力で調べるには時間も労力もかかることを、分かりやすくコンパクトにまとめて教えてくれま

すから、情報収集ツールの一つとして有益だと思います。流行っているモノを視覚的に伝えてくれるなど、時流を摑めるのもメリットですよね。

ただし、テレビで流れてくる情報も、新聞同様にあくまでも仮説であることを忘れないでください。実際、本当にそうであるのかについては、検証していく必要があります。なんでもそうですが、情報を鵜吞みにしない姿勢が大切です。

「ありとあらゆる情報が手に入る」のは、なんといってもインターネットでしょう。しかし、大量に情報が流れる分、信憑性がないものもネットにはたくさん含まれていますから、正しい情報であるかどうかを判断する〝目利き〟がまず求められます。

私はネットの最大のメリットは、統計情報など生データを即座に入手できることにあると思っています。先日も鉱工業生産指数を確認したいと思い、経済産業省のサイトから最新データを引っ張ってきたばかりです。

Ｗｉｋｉｐｅｄｉａや Ｇｏｏｇｌｅで検索して仕入れた情報は、参考程度にするなら構わないと思いますが、ビジネスシーンで使う場合はせめて出典などは確認したいところです。お客さまのところで自慢気に話したことが、あとですべてＷｉｋｉｐｅｄｉａ

から引用したものだったことが分かれば、場合によっては信用をなくしてしまいます。

雑誌は、興味の幅を広げてくれる意味で貴重なものだと思っています。

私はいつも、『ニューズウィーク』の日本版をカバンに入れて持ち歩くようにしています。同誌は、アフリカの内戦の話など、日本ではあまり扱われないようなニュースを詳しく伝えてくれます。そういう記事を読んでいると、改めて世界の情勢について考えるきっかけになり、自分の関心の幅が広がり、引き出しの中身も増えていきます。

同誌には、映画や音楽、ベストセラーなどのエンターテインメント情報もたくさん載っています。コンサルタントをしていると、世界や日本の経済情勢や企業業績ばかりに目が向いてしまいがちですが、仕事とはまったく関係のないジャンルの話も知っておくと、いろんな意味で広がりが出ます。そういう情報がさらっと読めるのも雑誌のメリットですね。コンサルタントに限らず、とかく自分の専門分野だけに興味の範囲が限定されがちですが、それだけでは「狭い」人間になってしまう気がします。

自分の専門分野の基礎知識があることが前提

コンサル力を養うには新聞記事などで事象を追うのも大切ですが、同時に、その事象がなぜ起きているのか、どうしてそうなっているのかを根幹から考えることがとても大切です。そのためには繰り返し述べてきたように、物事を関連づけて仮説を立て、検証していくのですが、それには自分の専門分野に関しては、ある程度の知識を持っていることがまず前提になります。土台があって初めて物事を掘り下げて考えることができるからです。次の計算式を見てください。

Y=C+I+G+（EX－IM）

何を表しているかお分かりですか。

これはGDP（国内総生産）の計算式です。初めて見る人にはさっぱり分からないでしょうが、知っている人にはすぐに分かります。単に知識があるかないかの問題です。

それぞれの英文字が表しているものは、次の通りです。

Y＝yield（生産）→GDP（国内総生産）

C＝consumption（消費）
I＝investment（投資）
G＝government（政府）→政府支出
EX＝export（輸出）
IM＝import（輸入）

つまり、Y=C+I+G+（EX－IM）は、国内総生産＝消費＋投資＋政府支出＋（輸出－輸入）になるわけです。

ここまでは知識さえあれば、当てはめればいいだけですから誰にでも分かりますが、それを知ったところで、結局、なんのことだかよく分かりませんよね。そうです、計算式をいくら知っていても、実際に活用ができないと意味がないのです。例えば、日経新聞の月曜日の景気指標欄を見て、現状の景気の状況はどうで、この先どういうふうになっていくのかということに活用できなければ、GDPの計算式が分かっていても真に自分のモノになっているとは言えないわけです。

ついでと言っては何ですが、今ここでGDPの定義を理解しておきたいと思います。

ＧＤＰは、生産側から見た場合には、「付加価値の合計」です。各企業の売上高から仕入れを引いたものが、その企業が作り出した「付加価値」ですから、その付加価値を日本中で合計したものがＧＤＰです。このＧＤＰの定義は、知っていましたか？　もし知らなかったという人がいたら、覚えてください（厳密にはもっと正確な定義がありますが、ビジネスマンの皆さんならこのレベルの理解で十分です）。

さて、さっきの難しそうに見えた計算式ですが、それは、このＧＤＰを〝買う側〟から見た式になります。当たり前ですが、作り出されたものは誰かが買っているわけです。これを、私は「ＧＤＰを支えている要素がある」という言い方をします。

Ａ社が作り出した製品をＢ社が買い、それをまたＣ社が買って最終製品を作り出した場合、最終製品はＡ社、Ｂ社、Ｃ社が作り出す付加価値の合計になりますから、ＧＤＰは最終製品やサービスの合計と一致します（正確にはそこから輸入分を引きます）。ですから、最終製品やサービスを買っている側から捉えることができるのです。

ＧＤＰを支えている要素は３つあります。一つ目は民需。民間の消費と投資です。二つ目は政府支出、政府の消費と投資で、三つ目は貿易収支、輸出と輸入の差です。つまり、さっきの計算式「Y=C+I+G+（EX－IM）」は、「GDP＝民需（C＋I）＋政府支出（G）＋貿易収支（EX－IM）」と表すこともできるのです。

どうですか。「GDPは、民需と政府支出と貿易収支で支えられている」と説明されると、ずいぶん分かりやすく感じませんか。ちなみに、この式は、より分かりやすく書き換えることも可能です。

Y＋IM=C+I+G+EX

そのまま意味を当てはめれば、「GDP（国内で作り出したもの）＋輸入（IM）＝民需（C＋I）＋政府支出（G）＋輸出（EX）」となります。「GDP＋輸入」とは「日本国内で売られているすべての財やサービス」のことですから、それを「民需と政府支出と輸出が買っている」ということになります。国内で売られるすべての財は、民間と政府で消費して、残りを輸出しているわけです。

このことが分かっていると、家計支出や企業の設備投資、公共投資、輸出・輸入（貿易収支）などの数字（これらはすべて月曜日の日経新聞の景気指標欄に載っていますし、新聞をよく読んでいると記事に取り上げられます）の動きをウオッチしていれば、今の景気の動向や今後の見通しが分かるようになります。

基本理論を勉強するとは、こういうことです。ただし一般のビジネスマンがここまで深く知る必要はありません。私は経営コンサルタントですから、ＧＤＰをはじめマクロ経済の基本理論は人に説明できるほど理解しておかなければなりません。でも他の職種の人は、ＧＤＰの定義などは詳しく言えなくても構いません。それよりも、製造業の人なら製造に関する専門知識や理論など、自分の専門分野についての基本理論をきちんと勉強して、深く詳しくなってください。

これらの自分の仕事に関わる基本理論や本質は、オン・ザ・ジョブだけでは学べませんから、ウイークデーの夜か休日を使って週に1、2時間程度、勉強するようにしてください。毎週のコツコツとした勉強を何年も続けていると、それをしていない人と大きな差がつきます。「継続は力なり」を信じて頑張ってください。

2　成功事例と失敗事例の活用法

まず原理原則を学ぶ

他社がどうして成功したのか、なぜ失敗したのかを考えるために、経営コンサルタントが学ばなければならないのは、まずは**経営の原理原則**です。それが会社を判断する際の絶対的な基準、土台になるからです。経営者や経営者を目指す人も、この原理原則を学ばなければならないのは言うまでもありません。

私は、企業にアドバイスするときは、会社の経営が良いときも悪いときも、経済情勢が良いときも悪いときも、どんなときでも、この原理原則をもとに判断していきます。

私の考える経営の原理原則は、「お客さま第一」と「キャッシュフロー経営」の2つです。34ページでも述べましたが、「お客さま第一」とはお客さま志向を徹底している会社なのかどうか、それも単なる儲けるための手段ではなく、目的（存在意義）として確立しているかどうかですし、「キャッシュフロー経営」とはキャッシュ（現金）のフロー（流れ）を重視した経営をしている会社なのかどうか、です。この2つの原理原則を守っている会社であるかどうかをまずチェックします。

この時点で「お客さま第一」ではなく「金儲け第一」だと分かれば、その会社はいずれ失敗するだろうと判断できます。これはコンサルティングを引き受けるかどうかを判断する〝最低条件〟とも言えます。当たり前ですが、私は「金儲け第一」の会社のアドバイスは絶対に引き受けません。良い仕事をして、結果として金儲けをしてくれる会社のアドバイスをしたいのです。これは私にとっては絶対のポリシーです。

「金儲け第一」の会社は、ビジネスの基本である「お客さまのため」という視点が抜けていますから、たまたま商品やサービスが売れていたとしても、いずれ傾くと断言できます。お客さまや社会という外に目を向けようとせず、自分たちの金儲けや私利私欲を追いかけ回しているのですから、そんな会社がお客さまの真に求めているものなど長期的に提供できるはずがありません。働いている人も、経営者や株主の金儲けのために、言わば働かされているわけですから、仕事での自己実現などかなうはずもありません。ピーター・ドラッカーのいう「人を生かす」ということができていないのです。金儲けを追い求める会社は金儲けすらできません。これは人でも同じです。

これは「経営における原理原則」ですが、どんな職種の人も「自分の仕事の原理原則」があるはずです。**コンサル力に磨きをかけるためにも、「自分の仕事の原理原則」は持っていてほしいと思います。**

原理原則は、仕事をするうえで、いわば原点になります。お客さまの意見に振り回されそうになっても、この原点に立ち返れば解決策を導き出せます。ただし、原理原則は、〝正しい原理原則〟でなければ意味がありません。間違った原理原則を正しいと勘違いして突き進んでしまうと、そもそものスタートが違いますから、間違った解決策しかお客さまに提案できません。原理原則はあくまで正しくなければならないのです。

古典を読むことの意味

では、正しい原理原則はどうやって学べばいいのでしょうか。簡単です。読書をすればいいのです。それも、長年読み継がれた古典や語り継がれた人の伝記などを読んで、そこからヒントを得るといいと思います。ビジネスなら、名経営者として名高い**松下幸之助**さんや**稲盛和夫**さんが書かれた本が良いと私は思っています。経営についての考え方なら、ピーター・ドラッカーが私はやはり好きです。

例えば孔子の『**論語**』は2500年も読み継がれているだけあって、生きるうえでの真理がちりばめられています。原典を読むのは難しいですが、分かりやすく解説した良書がたくさん出ていますから、そこからスタートすればいいと思います（ちなみに私は、安岡正篤先生の『論語の活学』（プレジデント社）から読みはじめました）。

読み継がれた古典という点では聖書や仏教聖典、ソクラテスなどもいい。古典が難しければ、先ほども触れましたが、松下幸之助さんや稲盛和夫さん、東洋哲学の大家である**安岡正篤先生**など偉大な経営者や学者の本もおすすめです。

ロングセラーになっている本は世間で支持され続けていますから、正しいビジネスの考え方が身につくと思います。ピーター・ドラッカーの本がそうですね。ビジネスにおける原理原則について教えてくれます。私は、松下幸之助さんの『**道をひらく**』を座右の書にして、折に触れて読み返しています。もう百回以上は読んだと思います。

そのほか、正しい考え方を述べたものとしておすすめしたい本は、渋沢栄一翁の書いた『**論語と算盤**』です。渋沢翁は、日本最初の銀行をはじめ、五百もの会社、六百もの社会福祉事業の設立に関与するなどした大実業家で、日本資本主義の父と呼ばれています。渋沢翁は、経営の根本にも生き方の根本にも論語を据えていました。『論語と算盤』では、「論語と算盤は一致すべし」と繰り返し主張しています。「論語（＝道徳）」と、「算盤（＝経済）」は両立するものだと述べ、豊かさを持続させるには、善い行いと良い商いがかけ離れてはいけないと説いています。

論語を追い求め、それを実践した結果、算盤がついてきます。算盤だけを追い求めても、算盤はついてこない。論語を追い求めて、初めて算盤がついてくる。このことを分かりやすく教えてくれる良書です。

こうした良書から自分の仕事の原理原則を見つけ出し、バックボーンにしていってください。自分に正しいバックボーンなしに、正しいアドバイスはできません。

正しい考え方は、一夜漬けで身につくものではありません。しかし、自発的に良書を読み、少しずつ自分のものにしようとする持続する意志があれば、必ず身につくものです。**良いと思った本は折を見て、何回でも読み返してください。それが正しい原理原則を身につける唯一の方法です。**

「仮説を立てて検証」が必須

「**仮説を立てて検証する**」を繰り返すと、ものごとの本質が見えてきます。

経営者の姿勢や従業員の考え方、社内の雰囲気など、あらゆる事象にアンテナを張り巡らせて、気になることが出てきたら仮説を立てて検証する。これによって、その会社の本質が見え、成功する会社か失敗する会社か、ある程度予測を立てることができます。

仮説を立てる場合に基準にしてほしいのが、ここまでで説明した原理原則です。原理原則に基づいてものごとを見ていれば、大きく誤ることはありません。現実の事象を原理原則と照らし合わせ、経験を積んだら、さらにその中から自分の原則を見つけ出し、それを基準（＝仮説）としてものごとを見ていってください。もし、自分の仮説が違っていれば、それを修正していくだけのことです。

これまで経営コンサルタントとしてたくさんの会社を見てきて実感するのは、失敗する会社の経営者には共通のパターンがあることです。

○公私混同が激しい
○私利私欲が強い
○「CS（お客さま満足度）」よりも「ES（従業員満足度）」を優先させている
○和気あいあいを良しとし、社内に切磋琢磨の気風がない

もちろん、これらは私の体験に基づいた仮説です。ただし、さまざまな会社で検証を繰り返してきていますので、私は「ほとんどの会社に当てはまる」と結論づけています。

これらはいずれも「内部志向」が強いことを表しています。内部志向の会社は、自分たちさえよければいい、自分たちさえ金儲けできればいいと思っていますから、お客さま満足度よりも従業員満足度を重視し、実力のない人に組織のペースを合わせるなどといったことが起こります。

内部志向の反対は「外部志向」です。要は、お客さま第一を貫くということです。お客さまや社会に何ができるかを考え、より良い商品やサービスの提供に努める外部志向の会社でなければ生き残ることはできません。

もっと言えば、外部志向であることが企業経営成功の大原則です。内部志向の会社は、お客さまに目が向かず、中には不祥事を起こして自滅していくケースもあります。

さらには、私利私欲や公私混同というのは「利」だけを求めていることを意味します。そこには「義」がありません。「利によって行えば怨み多し」と『論語』にもあるように、古代から多くの人が信じている原理原則にも反するわけです。

仮説や検証の方法ですが、先にも述べたように、原理原則を自分なりにしっかり持って、それを基準としてものごとを見ていくのです。基準に外れていないかどうかで判断してください。

ここでは経営コンサルタントとしての基準を話していますが、ブティックの店員さんならお客さまに似合う服を選ぶ基準、営業職ならお客さまに喜んでいただける基準を自分なりにしっかり持って、それを仮説として、うまくいった場合には、その仮説を持ち続ければよいでしょうし、うまくいかないのであれば基準が違っているわけですから、基準を変えて普遍的なものを見つけていくということになります。

ところで私は、**「お客さま志向の小さな行動を徹底している会社は、成功しているところが多い」**という仮説も持っています。この仮説もかなりの確率で当たっていると感じています。「小さな行動の徹底」とは、次のようなことです。

○社内でも、「お客さま」という言葉遣いを徹底しているか（大切なお客さまを「さん」づけしていないか）
○電話は3コール以内でとっているか
○自分の机は自分で片づけているか
○来客は玄関先まで「出迎える、見送る」を徹底しているか

こうした小さな行動を実践している会社は、お客さまに対しても気を配れる会社です。あなたの会社は徹底していますか？　検証してみてください。

フレームワークを活用して会社を分析、まずは「QPS」

会社が成功するか失敗するかを判断するには、経営に関するフレームワークをいくつか持っていると、すごく便利です。フレームワークは、いわば分解ツールで、世の中には分解すると見えてくることが少なくありません。私は、お客さまの問題を解決するための道具の一つとして、いつも活用しています。

お客さまの視点で会社を分析する場合によく使うのが「**QPS**」です。QPSとは、

「Q」…品質（Quality）
「P」…価格（Price）
「S」…サービス・その他の要素（Service）

です。お客さまは、このQPSの組み合わせを見て、どの会社の商品・サービスを選ぶかを決めていますが、どの組み合わせがいいかは社会情勢の変化やお客さまの懐具合

によって刻一刻と変わります。不況になって給与が下がれば、お客さまは同じクオリティ、同じサービスを求めつつ価格を下げてほしいと思い始めます。代表例として挙げられるのが、牛丼の値下げ競争ですね。これはQPSの組み合わせのなかでも、特にP（価格）を下げてほしいというお客さまの欲求に対して各社が反応した結果です。

QPSの組み合わせは、ライバル会社の動向によっても変わってきます。他社が300円を切る価格で売っているのに、自社だけが今まで通り何の戦略もないまま販売し続けても勝ち目はありません。さらには、牛丼各社はマクドナルドの動向にも左右されます。他の牛丼店だけでなく、近くにある外食産業すべてがライバルなのです。

ビジネスは、「市場における他社との競争」です。お客さまが求めているものを考えるときは、必ず他社との違いがどこにあるのかを考え、自社の強みを打ち出さなければなりません。それを分析する際の便利なツールがQPSです。

「5つのP」と「AIDMA」

一方、企業の視点で会社を分析するときに使うフレームワークが「5つのP」です。

マーケティングの基本でもありますから多くの方がご存じと思いますが、5つのPとは、

1　製品（Product）
2　価格（Price）
3　流通（Place）
4　販促（Promotion）
5　提携先（Partner）

のことです。

どの商品を、いくらの価格で、どんなルート（流通チャネル）を使い、どのように販売促進していくのか。さらには、どのパートナーと組むか。会社は、これら5つのPを組み合わせて、お客さまが求めるQ、P、Sの組み合わせを出すために、他社との違いがどこにあるかを探っていきます。

こうしたフレームワークを知らなかったら、お客さまが悩んでいたり、世の中が変化

したりしていても、「とにかく頑張ろう」の精神論だけで終わってしまいます。お客さまが知りたいのは、何を、どう頑張ればいいのかですよね。具体化です。物事を具体化すればするほど解決策は見出しやすくなります。フレームワークで会社の状況を分析すれば、それが見えてくるのです。

フレームワークの勉強は、〝型〟さえ覚えてしまえばいいのですから、たいして難しくありません。ただ、それを使いこなさなければ正しい結果は導き出せません。そのためには、その型をもとに、さまざまな会社に当てはめて分析を繰り返し、実用力を高めていかなければなりません。

QPSにせよ、5つのPにせよ、すでにツールが確立されていますから本当に便利です。企業の視点を分析するだけで500時間かかるかもしれないものが、5つのPを勉強さえしていれば非常に短い時間で済むのです。簡単で利用価値の高いフレームワークはたくさんありますから、いろいろ勉強してみてください。

もう一つだけ、紹介しておきましょう。「AIDMA」も有名なフレームワークの一つです。これは、お客さまが商品やサービスを購入するまでのプロセスが分かるというものです。

A…注意（Attention）
I…興味（Interest）
D…欲求（Desire）
M…意欲の高まり（Motive）／記憶（Memory）
A…行動（Action）

お客さまは、商品やサービスの存在を知り（Attention）、興味をもち（Interest）、欲しいと思うようになり（Desire）、購買意欲が高まって（Motive）、最終的に購入に至る（Action）というプロセスを踏みます。ちなみにAIDMAのMは、記憶（Memory）という解釈もありますが、私は、意欲の高まり（Motive）の方がしっくりきます。

AIDMAは、モノが売れないときに、どこでプロセスが切れてしまっているのかを分析するときに使う便利なツールです。「商品の存在は知っているけど、興味がない」

という場合は、「I」で途切れてしまっているわけですから、興味を持ってもらうにはどうすればいいかを考えます。例えば、「5つのP」のプロモーションで認知度を上げられないかなどを考えていくことになります。IやDがないという場合には、今度は「QPS」の活用を考え、クオリティ、プライス、サービスのうち何を変えればお客さまに興味を持ってもらえ、それが欲求に高まるかを考えていきます。

このように、フレームワークは必要であれば適宜組み合わせながら分析していくと、よりお客さまや会社のことを理解できるようになり、問題を解決しやすくなります。道具ですから使いこなすことが大切です。

他にも、AIDMAに対して「AMTUL」というフレームワークもあります。興味のある人はご自分で調べてみてください。何事も関心を持つことが大事です。関心を持ったら、自力で探して調べる、そしてそれを実践で使ってみる。これがコンサル力を鍛えるはじめの一歩であることをお忘れなく。

ヒューマン・リソースを勉強しよう

私は、経営の定義を次の3つだと考えています。

1　企業の方向づけ
2　資源の最適配分
3　人を動かす

このうち、企業をどのように方向づけるかを考える「企業の方向づけ」と、ヒト・モノ・カネをいかに有効活用できるかを考える「資源の最適配分」は、いわば会社の「戦略」にあたる部分です。先に紹介したいくつかのフレームワークも、この「戦略」策定のためのものです。

戦略はとても大切ですが、戦略さえ正しければうまくいくと思うのは間違いです。戦略はほぼ同じでも、会社によってパフォーマンスが大きく違う場合も少なくありません。つまり、「人を動かす」ことができて初めて結果が出るのです。もちろん、戦略も人が作るのですから、その部分でも人が動くかどうかで大きく違ってきます。いずれにせよ、人が動いてくれなければ、戦略も立てられないし、その実行もできないのです。

成功している会社は、何が人を動かすのかを真に理解しています。「ヒューマン・リソース」の活用に長けているのです。経営コンサルタントは、このヒューマン・リソースについても勉強しなくてはなりません。

ヒューマン・リソースを理解するには、まずは心理学の基本は押さえておくべきでしょう。経営、とくに人を動かすというのは、ある意味、心理学ですから。私が心理学を集中的に学ぼうと思ったのは、経営コンサルタントになりたての15年以上も前のことです。マーケティングのフレームワークを活用しながら、なぜ商品やサービスが売れるのか、売れたのかについて突き詰めて考えていくほどに、「人はなぜモノを買うのか」という根本的なところを理解しなければお客さまの真意は分からないと思うようになりました。そこで独学で心理学の勉強を始め、人の深層心理の理解に努めていきました。

心理学の勉強は、本を読んで基本的な概要をつかんでいけばいいと思います。私の場合、最もビジネスの現場で役に立った心理学はエニアグラムでした。エニアグラムは、約2000年前にアフガニスタン地方で体系化されたといわれる人間学です。現在、エニアグラムが最も普及しているのはアメリカです。人事担当者の必須アイテムとして、AT&Tやゼネラル・モーターズなど多くの大企業で取り上げられ、その効果が実証されています。

そのエニアグラムを日本に紹介したのは、元聖心女子大学教授で現在は国際エニアグラム・カレッジ代表の鈴木秀子先生です。『9つの性格』（PHP研究所）という本が大ベストセラーになりました。私は以前、鈴木先生のセミナーに通ったこともあります。

エニアグラムでは人間には9つの本質があり、すべての人間は、そのうちの1つをもって生まれてくるという原則があります（次のページ参照）。人の性格は家庭環境や生活環境によって変わる側面はありますが、本質の部分は変わらない。エニアグラムは、この本質を知ることができます。興味のある方は『9つの性格』を読んでみてください。簡単なチェックシートで自分のタイプを知ることができて、楽しく知識を身につけられます。心理学を学ぶと、人はそれぞれ性格や価値観が違うということがよく分かります。

そして、心理学を学ぶだけでなく、日頃から人を観察するクセをつけておく。これも、人の心理を知るのにとても大事なことです。

エニアグラムによる人間の「9つの性格」

タイプ1	完全でありたい人
タイプ2	人の助けになりたい人
タイプ3	成功を追い求める人
タイプ4	特別な存在であろうとする人
タイプ5	知識を得て観察する人
タイプ6	安全を求め慎重に行動する人
タイプ7	楽しさを求め計画する人
タイプ8	強さを求め自己を主張する人
タイプ9	調和と平和を願う人

人を観察していると、大勢の意見が必ずしも正しくないことも見えてきます。例えば、優しいと評判の上司が、実はそれは部下に対する思いやりではなく、単に自分が恨みを

買いたくない、悪く思われたくないのが本音だったというのが見えてくるのです。これでは単なる保身で、「優しい」のではなく「甘い」だけの上司です。

反対に、仕事にはすごく厳しいと敬遠されがちな上司が、実は誰よりも部下のことを思っているということもあります。こういう上司は、部下が仕事を覚えるまでは厳しく指導するし、間違っていると思えば怒鳴ってでも正します。ですから、うるさいと思われがちなのですが、長い目で見れば、この上司の下で働く部下は仕事の実力がつき、人間として正しい考え方も身につきます。会社が良くなるためには、大切な上司です。

こうした「人を見抜く目」も、意識しているとだんだんと培われるようになってきます。このとき同時に自分自身のことも観察しておくと、より人の心理を理解しやすくなります。コンサルタントは人にアドバイスするのが仕事なので、つい自分のことは忘れがちですが、時々「では、自分だったらどうなのだ、どう思うのだ」という問いかけをしてみると見えてくるものがあります。自分だったら、どういうときにやりがいを感じ、どういうときにキツいと思うのか。ある意味、自分が一番観察しやすいですから、時々の自分の感情に目を向けてみるのも良いと思います。

経験を集約して本質を見つけ出す

私は講演会などで、成功する人に共通する5つの特色を話すことがあります。

1　せっかち

2　人を心から褒めることができる

3　他人のことでも自分のことのように思える

4　怖いけど優しい

5　素直

これらは、「成功する人に共通するものは何だろう？」と考え、さまざまな仮説を立てて検証した結果、得られたものです。

どうして、こういうことを例に出すのかというと、コンサルティングを行ううえで必要な、「類型化」の訓練をぜひとも行ってほしいからです。「成功する人の5つの特色」

も、成功する人に共通する性質を集約して導き出したもので、類型化にほかなりません。

さまざまな経験を集約して、どこにその本質が隠れているのかを見つけ出す。これは、経営コンサルタントに求められているすごく大事な視点です。106ページでは、失敗する経営者の特徴として、「公私混同」「私利私欲」「CS（お客さま満足度）よりもES（従業員満足度）」「和気あいあい」というキーワードを挙げ、これらに共通するのが「内部志向」だとお伝えしましたが、これも類型化です。失敗する経営者の特徴を彼らの経験を洗い出して集約し、内部志向という本質を導き出したのです。

たくさんの会社や経営者を見るのが経営コンサルタントです。それを類型化して、見つけ出した本質を多くの人に伝えていく。それがお客さまに求められています。

類型化できるようになるには、やはり仮説を立てて検証することが基本になります。新聞記事や日々の経験から、自分が関心を持ったことについて仮説を立てて検証を繰り返していけば、少しずつ本質を見つけ出すヒントがつかめるようになるはずです。

3　会計・財務は読み方が分かればよい

経営コンサルタントは未来を見ている

会計や財務は、いわば経営の成績表です。ですから経営者なら当然、その見方を知っていなければなりません。でも苦手意識を持つ人がすごく多く、会計や財務の自社の状況についての判断を経営コンサルタントに教えてほしいと思う人が大勢います。

会計や財務において必要な知識は、財務諸表などの見方です。作り方をマスターする必要はありません。作るのは、あくまで会計士や税理士です。

経営コンサルタントと会計士を似たような職業だと思っている人が結構多いのですが、両者は本質的に違います。これはどちらが優れていてどちらがそうでないということではなく、本質的に違う仕事なのです。

会計士や税理士は、過去を見ています。会社が過去に起こったことをきっちり分析して、成績表をまとめ上げるのが仕事です。成績表ですから、1円単位で1個所のミスも許されません。完璧な成績表作りが求められます。

一方、**経営コンサルタントは未来を見ています。もちろん過去や現在の状況も分析しますが、それらを見て未来に起こりそうなことを分かる範囲で考え、会社を今後どう動かすかをアドバイスするのが仕事です。**お客さまが問題を抱えていたら、それについては100％分析できなければなりませんが、こうすればいいという解決策は未来のことも含まれますから、100％その通りになるとは断言できません。将来起こることに関してはだいたい8割方合っていればいい、そのぐらいの割り切りが必要になります。

ですから、成績表を作って「点数が悪い」と指摘するのが会計士や税理士の仕事で、「こういうふうに勉強すれば、成績が上がる」とアドバイスするのが経営コンサルタントです。良い悪いではなく、仕事の本質がそもそも違うのです。

「財務諸表を見る」ことの中身

繰り返しますが、経営コンサルタントは財務諸表を作る力までは必要ありません。ただし、投資の判断を迫られたり、財務内容を短時間で判断したりしなければならないことがありますし、ヒト・モノ・カネの最適配分を考えるときも財務諸表をもとにあれこれと思案しますから、その見方は絶対にマスターしておかなければなりません。

財務諸表の見方が分かれば、それをどう使いこなしていくかも見えてきます。私の場合、見るポイントを決めています。もし1秒だけ貸借対照表を見る時間を与えられ、会社の財務状況を判断しなさいと言われたら、どこを見ますか？（左図参照）

私なら、「流動比率」を見ます。企業はたいていの場合、1年以内に返済義務のある流動負債を返済できなくなって倒産します。その流動負債の返済能力を見る指標のひとつが流動比率です。流動比率の計算式は「流動資産÷流動負債」で表せますが、これを計算していたら、1秒で判断することはできません。そこでチェックしたいのが、流動資産が流動負債よりも多いかどうか、すなわち負債をまかなうだけの資産があるかです。

「1秒」で会社の財務内容が分かる方法

（単位：百万円）

科目	20××年度末 （20××年3月31日現在）
流動資産	3,194,694
現金及び現金同等物	973,867
売掛金	743,498
貸倒引当金	▲21,131
棚卸資産	771,137
・	・
・	・
・	・
・	・
投資及び貸付金	551,751
有形固定資産	1,574,830
その他の資産	1,082,041
資産合計	6,403,316
流動負債	2,000,428
短期借入金	94,355
買掛金	641,166
・	・
・	・
固定負債	1,190,307
社債及び長期借入金	651,310
その他の固定負債	538,997
負債合計	3,619,386
資本金	258,740
資本剰余金	1,217,764
利益準備金	92,726
・	・
・	・
・	・
自己株式	▲670,289
資本合計	2,783,930
負債、資本合計	6,403,316

流動資産が流動負債より多いかをチェック

これは計算しなくても、貸借対照表に記載されている流動資産の合計と流動負債の合計の数字を見比べれば、一瞬で判断できます。流動比率が100％を超えている、つまり流動資産の方が多ければ当面は大丈夫と考えれば良いのです。

もちろんこれは一般論で、業種などによって見方は大きく変わりますが、いずれにしても財務諸表を見る、使えるというのはこういうことなのです。作り方を知らなくても仕組みを理解していれば、実践に生かせます。

基本的な財務諸表の読み方を知りたい人は、拙著『財務諸表を読む技術　わかる技術』（朝日新書）や『「1秒！」で財務諸表を読む方法』（東洋経済新報社）をご覧ください。数時間で読み方の基本は分かると思います。

4　一歩先を行くためのコツ

ここからはコンサルタントはどんな勉強をしているのか、私の例も交えながら説明していきます。

自分の専門分野を勉強する

何度もお伝えしてきましたが、コンサルタントは自分の専門分野についての勉強を怠ってはいけません。「これだけは人に負けない」という強みがないと、他のコンサルタントと差別化できませんからお客さまが雇う意味がなくなります。できれば強みはいくつか持っておくべきです。もちろんコンサルタント以外のビジネスマンでも同じです。

ただ、最初からマクロ経済も会計も、などとあらゆることに詳しい人などいませんから、まずは自分が詳しい分野について、より深い専門知識を得るように勉強を進めてください。ほとんどのコンサルタントはサラリーマンを経て独立していますから、会社員時代に学んだことを土台に勉強していくことになります。営業畑を長年歩み、「お客さま第一」をとことん追求してきたという人なら、「お客さま視点」とは何なのかについて、戦略やマーケティング理論と照らし合わせながら、改めて深掘りして勉強してみてはいかがでしょう。人事出身なら、人の心理や人がどんなときに動いてくれるのかに詳しいはずです。そこをとっかかりに、ビジネスにおける人間の心理やヒューマン・リソース・マネジメントについて掘り下げると大きな強みになると思います。

強みを深めるためには、まずは本を読んで知識を得ることが大切です。はじめは、自分が強みにしたい分野に関する本を読み、基本的な理論の体系や、先に話した「ツール」となるフレームワークなどを学べばいいでしょう。ただし、それだけでは十分ではありません。コンサルタントは幅広い総合力が必要な職業だからです。マクロ経済も、マーケティングも、他社事例も、会計財務も、詳しいに越したことはありません。ですから、まずは自分の専門分野を深掘りし、少しずつ、いろいろな分野の力をつけて総合力を高めるようにしてください。

私は、明治大学の会計大学院で特任教授として会計学の授業を受け持っていたことがありますが、このとき学生に教えた戦略管理会計や経営分析、原価管理をはじめとする会計学は、実はほとんど独学で身につけました。ベースになったのは、銀行員時代に、システム部で企画室と兼務しながら銀行の管理会計システムを作っていた経験です。しかし、仕事は実務です。基本的な考え方などは本を読んで勉強しました。また、理論的なことは、銀行から派遣されて学んだアメリカのビジネススクールで一講座だけ習ったことをベースに、ほぼ独学で勉強しました。

顧問先のお客さまに向けて、経済に関するさまざまな講演や講義を行う機会があるのですが、そこでレクチャーするマクロ経済についてもほとんど独学です。日々、新聞を読んで関連づけの訓練をしてきましたから、かなり鍛えられていると思っています。

経済学についても、ビジネススクール時代に最初に出会った経済学の教科書（『Micro Economics』）があまりにも面白くて、以来、すすんでさまざまな本を読むなどして勉強するようになりました。あとは毎日、日経新聞を読んで気になった記事をメモしたりスクラップするなど、先に述べた作業を続けているだけです。

何か私が特別なことをしているわけではないということが分かっていただけると思います。誰にでもできる「読書」を通して、さまざまな理解を深めていったのです。ただし、本を読むときには、次に説明するように本質を正確に捉えるようにきっちり読むことが大切です。「読む」というより「読み込む」ことです。時間はかかるかもしれませんが、皆さんにもきっとできると思います。

本質を勉強する

本を読むときは、その本質を掴むことが大切です。読んだ後、諳《そら》んじて言えるくらいに、です。例えば、**ピーター・ドラッカーの『マネジメント　エッセンシャル版』**には、「マーケティング」と「イノベーション」というキーワードが頻出します。何度も出てくる単語は、書き手が強調したいことです。マーケティングとは、イノベーションとは何なのかという基本的な定義から深く考えることで、だんだん本質が見えてきます。

ドラッカーの言うマーケティングとはお客さまや社会など外部からの視点を徹底させること、つまりは「お客さま第一」です。イノベーションとは現在と未来のバランスをとることだと私は解釈しています。これが、マーケティングの本質、イノベーションの本質です。何度も読み直すなかで、私が導き出した結論です。一般的なマーケティングの意味は、製品計画や販売戦略を立てたり、そのために市場調査を行ったりすることですが、戦略を考え始めると、とたんに自社都合、内部志向に陥ってしまう会社がたくさんあります。したがって、ドラッカーは何よりもまず、「マーケティングを考えるときは、お客さまが何を求めているのかという本質を起点にしなさい」と強調しているのではないかと、私は思っているのです。

本質が理解できると、本の理解度が変わってきます。漠然として分かりにくい内容だと思っていた本も、内容が整理されて頭に入るようになります。何より面白い。本質が分かっているから、読むことの深みが増すのです。

ドラッカーをはじめロングセラーになっているビジネス書は、いわば経営の本質を解き明かしてくれる本です。何回も読み返して、少しずつ自分のモノにしていってください。ちなみに、私は20年以上もドラッカーの本を読み続けています。そこで得た知識を、実際の仕事におおいに生かしています（ドラッカーの理論については拙著『ドラッカーが「マネジメント」でいちばん伝えたかったこと。』（ダイヤモンド社）をお読みください）。

ところで、経営の本質というのは、どんな会社にも適用できるものでなければなりません。大企業だろうが中小企業だろうが、1人でやっている会社だろうが、規模の大小に関わらず適用できなければ本質ではありません。

私は大手商社の一部門とも顧問契約をしていますが、従業員3人の会社の仕事も引き受けています。規模がこれほど違っても、コンサルタントとしてやるべき仕事は同じです。本質は何も変わりません。「お客さま第一」や「キャッシュフロー経営」などの原理原則は同じですから、それに照らし合わせながらアドバイスをしています。

ただし上場会社の場合、金融商品取引法の規制や、情報開示義務が格段に増えていることなど、いろいろ複雑です。ですから、例えば国際財務報告基準（ＩＦＲＳ）を知らないと財務諸表が読めないといったことが起こりますが、それはＩＦＲＳについて勉強して知識を得ればいいだけの話です。いくら複雑になっても経営の本質そのものは変わりません。大企業も中小企業も経営の本質は同じなのです。複雑さが違うだけです。

イチロー選手は、メジャーでも打つし草野球でも打つと思います。これが本質です。一流の野球選手ならどこに行っても球を打てる、経営コンサルタントならどんな会社に行ってもアドバイスできる、本質とはそういうものです。

論理的思考力を高めるには、物事に関心をもち、それに関して仮説を立てて検証を繰り返す。原理原則や本質を知り、それを現場の現象に照らし合わせて仮説検証していく。さらに、常に、なぜ、どうしてと疑問を持って深掘りすることが必要——こういうお話は何度かしてきたと思います。

ここではもう一つ、原理原則を知り、論理的思考力を高めるうってつけの方法をお教えします。やはり大切なのは読書です。ただし、この場合の読書は、論理レベルの高い本、つまり、自分の知りたい分野の専門書を中心に読むことです。

専門書は手軽に読めないし値段も高いものが多いですが、秀逸な良書がたくさんあります。ピーター・ドラッカーがブームですから、多くの人が『マネジメント　エッセンシャル版』を読んでいると思います。これは1974年に発売された『マネジメント——課題・責任・実践』を、より分かりやすく訳したものです。かなり噛み砕いていると私は思うのですが、それでも本気で理解しようと思えばけっこう難しい。しかし、できれば元の本にも挑戦し、深くものを考える訓練を積んでおかなければなりません。なぜなら経営コンサルタントは、お客さまよりも論理レベルが低ければ仕事にならないからです。お客さまの中には、すごく勉強されていて、マクロ経済や会計財務にかなり詳しい方がいらっしゃいます。その〝さらに上〟の論理レベルが必要になりますから、しっかり勉強しなければなりません。

同様に経営コンサルタントは、お客さまと同じものを見たときに、お客さまよりも深く考えられなければ務まりません。お客さまは毎日、社内のことをつぶさに見ています。自分の会社ですから当たり前です。一方、経営コンサルタントが、お客さまの会社の状況を見させてもらったとしても、その時間はせいぜい数時間です。お客さまが日々見ている時間に比べたら、ほんのわずかな時間です。そのなかで、お客さまがまだ見えていないこと、気づいていないことを鋭く指摘しなければいけないのです。

「鋭く指摘」できるかどうかを左右するのが、論理的思考力です。物事を深く考える力があって初めて、より深くモノを見る力が養われ、短時間の訪問でもお客さまの問題点を把握できるようになるのです。同じものを見ても、違った視点やより深く考えることが求められます。それには知識も必要ですが、深く考えるということが大切です。

この論理的思考力を高めるのにうってつけなのが読書ですが、私の場合は何度も読む専門書は「ほぼこれ」と決めています。

マクロ経済を勉強するときは、**ジョセフ・E・スティグリッツの『スティグリッツ入門経済学』**（東洋経済新報社）を読んでいます。金融に関して何か分からないことが出てきたら、**日銀総裁の白川方明さんが書いた『現代の金融政策』**（日本経済新聞出版社）に目を通し、確認しながら読んでいます。会計は、**神戸大学教授の桜井久勝先生が書いた『財務会計講義』**（中央経済社）を開きます。いずれも机の上に置いていて、いつでも読めるようにしています。桜井先生の著書には『会計学入門』（日経文庫版）もありますが、『財務会計講義』は入門本と違ってより深い内容を学ぶことができます。

経験則として言えるのは、**その分野の第一人者が書いた専門書を読むと間違いがない**ということです。他の人が書いた本を数冊読むより、第一人者といわれる人の本を1冊読む方が、はるかにためになります。

専門書は論理を追ってきっちり読むのが基本です。そして1冊全部読まなくても、疑問に感じたことや深く知りたい個所だけ深掘りして読んでもいいと思います。ここでいう深掘りとは、脚注のところを読んで本文の他の個所と照合したり、場合によっては参考文献の原典も読んだりするなどして、理解を深めることです。これを繰り返せば、多くのことと関連づけながら読めるようになると思います。これが論理的思考力を高める勉強法です（私の読書に関する考え方については『ビジネスマンのための「読書力」養成講座』（ディスカヴァー携書）を参考にしてください）。

紙一枚の積み重ねを続ける

読書にしても勉強にしても、毎日の積み重ねがモノをいいます。コツコツと地道な努力を続けられる人は、そもそも勉強好きな人が多いと思います。この「好き」というのが大事で、**コンサルタントは勉強が好きな人にすごく向いている職業**です。

東京銀行（現・三菱東京ＵＦＪ銀行）で働いているとき、入行２年目に輸出手形保険の担当になりました。しかし、当時の私にはその分野の知識がまったくなかったため、分厚い法令集を独身寮の自室でコツコツと読んで勉強を続けました。その結果、最終的には通産省（現・経済産業省）の輸出手形保険の担当者と対等に話せるまで、制度に精通することができました。また、ここで得た知識は、その後の仕事にも役立っています。

これは、単純に私が勉強好きであることがおおいに関係しています。本や新聞を読み、誰かの話を聞いたとき、知らないことは単純に面白い。自分には、まだまだ知らないことがいくらでもあるんだと気づかせてくれます。今でも、私の専門分野でも知らないことがたくさんあるので、本当に毎日が刺激的です。

どうしても勉強が嫌いな人はどうにもなりませんが、仕事上で必要なことについて、まずは試しに関連する本を読んでみてはいかがでしょう。それが実務に生かせるようになってヒントも得られれば、勉強そのものが楽しいと思えるようになるでしょう。もちろん、それによって仕事もより「深く」できるようになり、周りの評価も高まります。

コンサルタントは自分の目で現場を見て、そこから仮説を立てて検証し、本質を摑んで……の繰り返しです。このへんでいいという終わりがありません。一つの案件が終わったとしても、次々に新しい知識を求められますし、日々、刻一刻と変わる経済情勢にも目を向け続けなければなりません。しかし、それはつまり、コツコツと地道に勉強を続けるのが好きな人にとっては適職である、ともいえるのです。

コピー用紙1枚の厚みはわずか0・1ミリ程度です。でも、それを100枚積み重ねたら、けっこうな厚みになります。勉強もそうです。毎日、コツコツと続ければ、知識が積み重なり、仕事に生かすことで経験も積み重なり、深みが増していくのです。

一歩踏み込む

人の話を「単に聞く」のではなく、相手の思いや真意を汲み取りながら、「きちんと聞く」。気になることがあったら、そのままにしておかず、忘れないように「メモする」。先に話した、新聞を読んでメモするなどもそうです。こうした一**歩踏み込む姿勢と習慣のある人は、ビジネスマンにとって不可欠な物事を深く考える素質のある人です。**

お客さまから何か相談されたとき、それに関するたくさんの資料を必死で集めた――これだけでは残念ながら「一歩踏み込んだ」とは言えません。情報を集めるのは誰でもできます。インターネットを使えば関連情報がタダ同然で手に入ります。

そうではなくて、コンサルタントにとって必要なことは、集めた資料や情報を分析して一つに集約したり、経営の原理原則など根幹に関わることに照らし合わせたりしながら、お客さまの問題点や解決策を見出すことです。

情報の価値は低い。でも情報を分析し、そこから本質を得たり新たな知恵を見出す価値は高いのです。しかも、今のように情報量が多くなればなるほど、それを分析して精査するスキルが求められています。だからこそ、普段から「一歩踏み込む」習慣を身につけていることが大切になります。

一歩踏み込む姿勢を養うには、まずは、「メモする習慣をつける」のが誰にでもできる有効な方法だと思います。道を歩いているとき、人と話しているとき、何か気づきを得たら、すぐに書き留めておけるように、メモ帳やノートを持ち歩く習慣をつけておいてください。

イトーヨーカ堂の創業者である伊藤雅俊さんは、相手が部下であっても話を聞くときは必ずメモを取っていたそうです。食事中でも気になることがあれば、すかさずメモしたと言います。立派な経営者は、部下の話からでもヒントを見出し、ビジネスに生かしているのです。こうした姿勢は、ぜひとも学びたいところです。

本を読むときも、メモすることで一歩踏み込むことができます。難しいと思える個所が出てきたら、私の場合、本に直接線を引き、自分なりにまとめておきたいことが出てきたら、本の上部の余白を使ってメモしています。そして、あとで読み返して気になるところは、どうして？　なぜ？　と仮説を立てて検証していくのです。新聞を読んでもメモをする、あるいはクリッピングする。そして、時折、それらのメモを見返す。これにより、さらに、もう一歩踏み込むことができ、論理的思考力も高まっていきます。

人生の勉強をする

経営コンサルタントは、人生、つまり、「生き方」の勉強もしなければなりません。ビジネスや人生についての正しい考え方が身についていなければ、間違ったアドバイスをお客さまにしてしまうことになるからです。

ずいぶん前、私の師匠の長野県円福寺の故・藤本幸邦老師と2人でいたときに、突然、こう質問されたことがあります。

「小宮さん、経済は何のためにあるか知っていますか」

私が「分かりません」と正直にお答えすると、

「経済や政治は、人を幸せにするための道具です。目的は、人を幸せにすることです」

と教えてくださいました。

以来、この「幸せ」が私の経営哲学の根幹になっています。経済のために人が存在しているのではなく、人のために経済が存在しているのです。ですから、人を幸せにする経済でなければ意味がありません。ピーター・ドラッカーもマネジメントの目的のひとつとして「人を生かす」と言っています。私は、ドラッカーは藤本先生と同じことを言っているのだと思っています。

人を幸せにする、ひいては世の中を幸せにするためには、会社とそこで働く従業員は、お客さま志向を徹底させることが第一になります。良い商品やサービスを提供すれば、お客さまが幸せになれますし、働いている人も良い仕事をすることで生かされ、仕事を通じて自己実現ができます。そして、その良い仕事をした結果として利益が出て、それを従業員や株主、社会に還元できます。

正しいビジネスは、何をも、誰をも害するものではなく、むしろ、社会全体を利するものです。人を幸せにする経済とはこういうことだと、私は信じています。

これは、よく考えれば当たり前のことですが、お金がからむと人はぶれやすいのも事実です。経営者が、金儲けができればそれでいいと、私利私欲だけを追求しベンツや別荘を買うことだけを目的にしていれば、どこかで必ず行き詰まります。なかには、法律違反を犯し、国民の税金を使って刑務所暮らしをしている者までいます。私利私欲などだれをも幸せにしないのです。

ピーター・ドラッカーも、こう言っています。「企業が存在を許される最低条件は、法律を守ること」だと。法律は、社会の人が平和に暮らすために、最低限守らなければいけないものです。それすら守れない企業は存在すら許されません。

経営者が転落しないように、また正しく事業が発展するように、経営コンサルタントは、経営の心構えや正しい考え方をアドバイスできなければなりません。それを聞きたいとおっしゃる経営者も大勢います。違う見方をすれば、人が長い間培ってきた正しい考え方を実践すれば、ビジネスも人生も自然にうまくいくのです。松下幸之助さんも「天地自然の理法に従えば、ビジネスは自然にうまくいく」とおっしゃっています。ただ、残念ながら多くの方が、この正しい考え方や天地自然の理法を知らないのです。

では、どうやって正しい考え方を身につければいいのでしょうか。

私は、ここでも、読書をおすすめします。私は人生の勉強をするときは、論語や老子などの古典を読んでいます。論語などの古典は、人間の生き方や、リーダーの心構えについて示している本だからです。少なくとも、何が正しくて何が正しくないのか、見極める目は持てるようになります。論語のように、多くの人が長年正しいと信じてきた本には、ある種の普遍的な真理がちりばめられています。それを自分のビジネスや生き方に取り入れることができれば、正しく、強く、自信を持って人生を歩めると思います。

良い社長、悪い社長

私はよく従業員教育の研修をしてほしいと頼まれます。このとき、その会社が良い会社かどうか、すぐに分かります。

良い会社は、必ず社長や経営幹部が研修に出席します。従業員教育はもちろん、新入社員教育の研修のときも出てきます。トップに学ぶ姿勢があるということです。こういう経営者なら、正しい考え方を素直に、しっかりと聞いて自分のモノにしようとしますから、その下で働く社員も正しい考え方ができるのだろうと思えます。

逆に、「従業員教育は必要だけど、私が教育される必要はない」などと思っている経営者のいる会社は、いずれ良からぬ方向に傾くと予測できます。従業員だけ鍛えてうまく儲けてやろうという考えが透けて見えるからです。正しい考え方を伝えようにも、最初から聞く耳を持たないのですから、どうにもなりません。

結局、会社は、経営者の姿勢で決まるということです。これについて、コンサルタントの一倉定先生はこんなふうにおっしゃっています。

「会社には良い会社、悪い会社はない。良い社長、悪い社長しかいない」

本当にそうだと思います。経営者が正しい考え方を身につけ、自らが先頭に立ってそれを実践していかなければ部下はついていきません。

ただし最も大切なことは、コンサルタント自身が常に学び続けることが必要だということです。人に偉そうなことを言う前に、自分がいつも謙虚な姿勢で学び続けていることが大前提だからです。コンサルタントは、このことを十分に自覚し、まずは自らが正しい考えを身につけるように勉強してください。

第2章のまとめ

コンサルタントに求められている役割と、それを強化するための勉強法について理解できたか、次のチェックシートをもとに確認してください。

- □ 新聞記事から、世の中の流れまで摑めるような読み方をしているか ……▼P85
- □ 気になる新聞記事について、メモする習慣がついているか ……▼P88
- □ 新聞を、興味のあるページから見ていないか ……▼P91
- □ テレビ、ネット、雑誌それぞれのメリットを理解しているか ……▼P92
- □ 事象ばかりを追い求め、根幹を考えることを忘れていないか ……▼P94
- □ 正しい原理原則を理解するため、長年読まれている良書を読んでいるか ……▼P102
- □ 「自分たちのため」を優先する「内部志向」に陥っていないか ……▼P105

- □ 仕事に必要なフレームワークを適宜活用しているか ……▼ P109
- □ 何が人を動かすのか、「ヒューマン・リソース」の活用を理解しているか ……▼ P114
- □ 「経験を集約する」の意味を理解しているか ……▼ P120
- □ 会計士と経営コンサルタントを似たような仕事だと勘違いしていないか ▼ P122
- □ 財務諸表の見方をマスターしているか ……▼ P124
- □ 詳しい分野について、さらに専門知識を得ようと努めているか ……▼ P127
- □ 本を単に読むのではなく、本質を掴むように読むことを心がけているか ▼ P130
- □ 原理原則を知るために、専門書を読んで物事を深掘りしているか ……▼ P132
- □ 毎日コツコツと勉強を続ける大切さを理解しているか ……▼ P136
- □ 「一歩の踏み込み」を怠っていないか ……▼ P138
- □ ビジネスや人生の正しい考え方が身についているか ……▼ P140

第3章

経営コンサルタントの行動力

前章では勉強することの大切さについてお話ししましたが、同時にコンサルタントは行動する人でなければなりません。「指揮官先頭の精神で、経営者自らが社員を引っ張っていく姿勢が大事です」と、お客さまには行動することの必要性を声高に説いておきながら、自分は口先だけというのでは、本物を見抜く力のある経営者たちからは、すぐに愛想を尽かされてしまいます。

コンサルタントは、自分が言っていることは、まず自ら実践する姿勢が必要です。私は、お客さまにお勧めすることは、小さな会社ではありますが、必ず自社で実践しています。また、個人レベルでやるべきだと勧めていることは、私個人も行っています。

さらには現場感覚も大切にしています。社内や工場など、お客さまのところに出向いて初めて見えるものはたくさんあります。自ら行動して人に会ったりモノを見たりするからこそ、思いもよらなかったいろんな情報を知ることができるのです。そこから本質を見抜く力や仮説検証する力も高まります。

そこで本章では、いかに行動するか、それを仕事にどう生かすかについて、私の例を挙げながらお伝えします。

1　まず自分がやってみる

口先だけの人というのは残念ながらいます。論語にも「行動を見てその人が立派かどうか判断する」とありますが、行動を見ないとその人が本物かどうか分かりません。口は便利なもので、ちょっと勉強したことでも、あたかも前から自分に身についているように話すことはできます。しかし、実際に自分のものになっていないと、どこかでボロがでます。

コンサルタントの仕事は人にアドバイスすることですから、必ず自分が実践していることをお話しすることが何よりも大切だと私は考えています。あくまで自分の行動や実践がベースなのです。行動のともなわない理論は空理空論です。

繰り返しますが、**私はお客さまにアドバイスしていることは、組織に関わることなら、**

必ず自社で実践しています。

朝から当社では全員が雑巾を持ってお掃除をしています。私も、もちろん事務所にいるときはお掃除をします。私の担当は男性トイレです。その後、毎日朝礼も行っています。細かいことでいえば、電話は3コール以内に取る、電話に出たら「有難うございます。小宮コンサルタンツです」と受けることも必ず行っています。来客は玄関先まで見送る、これも創業以来実践していることです。

すべて、自社でやってみたうえで、お客さまにお勧めしていることです。

会社は働きに来るところですから信賞必罰は絶対ですが、いわゆる「成果主義人事制度」はお客さまにはお勧めしていません。自社でやって失敗したからです。とにかく、自分でやったことしか人には勧めません。

銀行員をしていたこともあり、仕事がらお金の本も何冊か出していますし、マネー誌にも連載していますが、自分で運用して経験したことしか人には勧めません。人にものを勧めるのに自分がやっていないことを単に勉強しただけで本に書くような人もいますが、そんなものは薄っぺらく、読む人が読めば「偽物」だとすぐに分かります。偽物の人は偽物には通用しますが、本物には通用しません。

本物になるには、原理原則を知り、深くものを考え、そして行動する、実践することです。

ましてや人にものごとをアドバイスする立場にある人間は、なおさらです。評論家が人から信用されないのはこのためです。もちろん評論家の中にも、信念をもって実践している人もいますが、多くは口だけです。自分がやってもいないことを話すなどもってのほかです。

テレビを見ていても、ビジネスのことなど全く知らない、中にはマスコミの世界しか知らず、経営どころかサラリーマンの経験もない人が経営の話をしているのを聞くことがありますが、これは野球のボールに一度も触ったことのない人が野球の解説をしているようなものです。とにかく、自分でやってみることが大切なのです。

リーダーにも同じことが言えます。リーダーが犯す大きな間違いのひとつが「ティーチャー」をすることだからです。

ティーチャーは言うだけです。これに対してリーダーは、言ったことを先頭に立って実践する人です。ティーチャーばかりしている偽物のリーダーは、自分は何もしないのですから部下はついてはきません。

体感してこそ分かることがあります。水泳を始めたばかりの頃は、水を飲んで苦しい思いをすることがありますが、だからこそ分かることが世の中にはたくさんあるのです。

コンサルタントというと、頭だけで多くのことを理解して、それをうまく話すことができれば務まると思っている人がいたとしたら大間違いです。「教える」ことと「伝える」ことはまったく違います。頭で理解したことを相手の頭に教えることはできます。しかし、伝えるということは、相手の心に伝えなければなりません。これは、日々実践している人にしかできないことです。

コンサルタントだけでなく、ビジネスも人生も実践の世界です。理屈だけでは動きませんし、理屈では自分さえも動かせません。毎日、手を動かし、実践することが何よりも大切なのです。

この章では、行動の大切さをお話ししましょう。もちろん今までと同様、これもまたすべてのビジネスマンに大切なことであることは言うまでもありません。

2　お客さまに会いに行こう

人に会う

まず、多くの人に会うことです。友人、知人、お客さま……。**直接、人に会って、人の生きざまを見たり生の情報を得たりすることはとても大事です。**

勉強で知識を得るのと並行して、時間の許す限り億劫がらずに人に会いに行ってください。多くの現場を見て、ときには見るだけでなく経験してください。その際に、**自分の好きな人やウマの合う人だけに会うのではなく、さまざまな人と会うことが大切です。**

私は、おかげさまで顧問先さんや会員さん、さらには講演に行く先々や訪ねてこられる方々、また、テレビ出演や雑誌などの取材で多くの方にお会いする機会に恵まれています。毎年、交換する名刺の数も1000枚を下ることはまずありません。多い年には2

000枚ほど名刺交換をします。もちろん、一度しかお会いしない方もたくさんいらっしゃいますし、逆に何百回もお会いする方もいらっしゃいますが、とにかく人に会うことはとても勉強になります。

こうしてお会いする多くの方が、私に多くの情報や知恵を与えてくださり、私の人生を豊かにしてくれています。

第1章でもお話ししましたが、世の中は複雑です。たった一つの話でも掘り下げていけばどこまでも奥が深く、そこから派生する関連情報を探していったらキリがないほどです。ですから、「自分には知らないことの方が多い」と自覚し、そのためにも人に会ってさまざまな話を聞こうとする姿勢が大切だと思います。

信用できる人からの生の情報は貴重

2011年6月のとある日、私は60代のアメリカ人の女性に会いました。彼女は32年前、私が大学3年生のときにアメリカのサンディエゴで1カ月間ホームステイをさせてもらったホストファミリーのお母さんです。彼女は当時から旅行代理店に勤め、60歳を過ぎた今でも、個人で旅行代理店業務を行っています。これまでも5年から10年に一度くらいはアメリカか日本で会っていたのですが、私も仕事に追われていますから、めったに会う機会はありません。ただ、私にとっては本当にお世話になった「お母さん」のような存在です。彼女が日本に来ると聞けば、どんなに予定が詰まっていても何とか時間を作って会わなくてはこちらの気が済みません。

今回もお互い忙しく、彼女が宿泊しているホテルのレストランで一緒に朝食を食べる時間しかありませんでした。でも、近況を報告しているうちに昔話に大いに花が咲き、また、たくさんの知らない話を聞くことができました。

今回は仕事で来日し、日本政府観光局に招かれた5日間のツアーに参加し、金沢や世界遺産の白川郷などを回り、ボランティアセンターなども見学したそうです。東日本大震災の影響で外国人観光客が激減しているため、海外の旅行代理店の人を招請し、少しでも日本の良さを分かってもらおうと企画されたツアーだ、と説明してくれました。

私も外国人観光客を増やすために何らかの対策を打つべきだろうと思っていましたが、こうしたツアーが組まれていたことは彼女から聞いて初めて知りました。震災直後にはメールをくれ、私や私の家族の安否を気遣ってくれましたが、会えたことでツアーの内容を詳しく教えてくれ、震災後の日本の観光産業の課題についてもプロの眼からいろいろと意見を話してくれました。もちろん震災そのものについての感想も語ってくれました。海外の反応などは新聞にも載りますが、あくまでも二次情報です。現場で取材した記者が記事をまとめるので、特にルポ的なものはどうしてもその記者のバイアスがかかります。その意味でも**直接、信用できる人から聞いた生の情報は貴重です**。

同じテーマの話でも、新聞を読むのと人から聞くのでは訴えかけてくるものが全然違います。当然ですが、人から直接聞く方が圧倒的に迫力があります。

旅行商品の売れ行きとアメリカの景気

他にも彼女は貴重な話をしてくれました。実は今、日本だけでなくアメリカも、旅行商品の売れ行きは芳しくないとのことです。特にアラスカクルーズやカリビアンクルーズなど高額なものは売れず、仮に予約が入ってもキャンセルが相次ぐそうです。住宅バブルの崩壊は依然として大きな傷跡をアメリカの経済に残しているようです。

私は景気指標を見るのも仕事の一つですから、この話からアメリカの住宅着工件数が未《いま》だに低迷していることを思い出しました。サブプライム問題が起こった2007年以降、住宅着工件数は急激に落ち込みました。ピーク時には年間で200万戸だったのが、今は60万戸程度と実に3分の1以下に減ってしまっています。サブプライム問題によって不良債権が増加し、住宅ローンの新規の借り入れができなくなってしまっているからです。銀行がお金を貸さなければ家は建ちません。また、バブル期に作られた中古住宅で差し押さえられた物件がたくさんあってだぶついていることや、2010年の夏頃に比べて長期金利が上がっていることなども、住宅購入意欲が落ちる要因になっているということを思い出し、彼女に話しました。もちろん彼女は経済の専門家ではないので住宅着工数の細かな数字などは知りませんでしたが、住宅の低迷が自分のビジネスをはじめ多くのことに影響を与えていることは実感していると話してくれました。

今のアメリカの景気を考えるうえで、最も重要な指標の一つがこの住宅着工件数です。アメリカの景気が本格的に回復するには、雇用の数字が改善し、個人がモノを買い始めなければなりませんが、そこに至る道はまだ遠いようです。

実際、こうした景気を反映して、アメリカの貯蓄率は現在5％程度と高止まりしています。景気がよかった頃の貯蓄率は1％程度でした。これはつまり、多くのアメリカ人はお金をあまり使っていない、景気に対する先行き不安感から貯蓄性向が高まっていることを示しています。これでは住宅などの消費にお金が回るはずがなく、大型レジャーなども控える傾向にあることもよく分かります。

私にとって「高額旅行商品の売り上げが低迷している」という事実は、「住宅着工件数が未だ低迷している」ことを違った視点から見ることだったのです。

人に会うと、その人が体験したことを話してくれますから、実にたくさんの情報が入ります。もちろん人の話にはバイアスがかかっていますから、その点は割り引かなければなりませんが、自分が勉強している数字や仮説と照らし合わせるのに格好の材料を提供してくれます。また、まったく知らないことを教えてもらえることもあります。

私は政治経済の話は得意分野の一つだと思っていますが、そういう話をするときも相手が話してくれる話題が、自分が気にも留めていなかったものだったりすることがあるので、そこでまた新たな気づきが得られます。

勉強するのは大事なことですが、机にしがみついているだけではだめです。勉強する、そして、行動する。どちらもすごく大切なことだと思います。

お客さまのことは会わないと分からない

一方、仕事でおつきあいのあるお客さまのところに出向くのは、さまざまな話を聞かせてもらえるだけでなく、信頼関係を築く絶好の機会になります。

基本的にお客さまの会社の問題点を探るには、会社に行ってみなければ何も見えてこないことが少なくありません。会社の状況が良いのか悪いのか、そういう単純なことなら財務諸表を見て指摘することはできます。でも、それでは、良いなら、さらに伸ばすにはどうすればいいのか、悪いならどこを改善すればいいのかという提案はできません。戦略を立てる場合なら、なおさらです。実際に会社を見てみなければ、どんな戦略を立てればいいのか分かるはずがありません。

ですから、コンサルタントは**自ら進んでお客さまのところに行かなければならない**のです。百聞は一見にしかず、です。机の上で情報やデータを引っ張っただけで偉そうなことを言っているだけでは、何も解決しません。

第1章でもお伝えしましたが、私は「植物の手入れがきちんとされている会社は、隅々まで清掃が行き届いている」という仮説を立てていますが、これも定期的にお客さまの会社に行って確認作業を続けなければ検証できません。

さらに先ほど述べたように、お客さまとの信頼関係を深める意味でも訪問は欠かせません。**コミュニケーションは「意味」と「意識」の両方が必要**だと私はよく言います。意味はメールや文章でも伝えることができますが、意識はメールや文章よりは電話、さらには、やはり直接お会いするのが一番です。意識が通じていると、いざというときに私のアドバイスや真意が伝わりやすくなります。その意味でも、定期的にお会いすることが信頼関係を築く大前提だと思っています。お会いすることは大前提であって、経営コンサルタントとしての力量が必要であることはいうまでもありません)。

信頼関係さえ確固としたものがあれば、「会社を売却した方がいいだろうか」など、お客さまにとって本当に重要な局面を迎えたときに真っ先に相談をいただけます。私自身も、信頼にこたえようと、考えられるベストな解決策を導き出そうと本気で取り組みます。そのためにも、普段からの信頼関係が絶対に必要なのです。

少し売れたことがお客さまへの恩返しに

私は15社ほどの顧問先企業さんを持っていますが（物理的な時間の都合上、15社以上は絶対引き受けません）、その大半は私の会社の創業時か創業時に近い時からのお客さまです。また、長く研修などを継続的にやらせていただいているお客さまも数社ありますが、そうした長いお付き合いの顧問先さんの中には、私が有名になったことを大そう喜んでくださる方が少なくありません。独立して間もない頃、駆け出しの30歳代のコンサルタントを、何の疑いもなく受け入れてくださった方たちです。それほど安くもない顧問料をずっと支払い続けていただいています。おかげさまでテレビにも出してもらえるようになり、雑誌の連載も月に10本程度いただいています。講演会や研修は年に200カ所程度、本もこの本で75冊目となり、累計発行部数は200万部を超えました。

生意気なようですが、世間的には少し「売れ」ました。そのことを一番喜んでくださっているのは長くお付き合いしているお客さまです。でも少し売れて一番ほっとしているのは実は私かもしれません。彼らに何か少し恩返しできた気持ちになるからです。

ですから、その恩義にお答えする意味でも、私は顧問先さんも顧問料も昔から同じですし、お客さまさえ望まれるなら、ずっとお付き合いいただければと思っています。本当に感謝の気持ちでいっぱいです。世間に認められて本当に良かったと思っています。

現場に出向くと見えてくる

経営コンサルタントは定期的にお客さまのところに出かけるので、〝現場〟を定点観測することができます。顧問先さんの会議に出席する時などに、会社が本当に「お客さま志向を貫いた経営をしているか」どうかのチェックができるわけです。

ここでも私は仮説を立てています。

一つは、「お客さま本位の言葉遣いがきちんとできている会社は、お客さま志向の会社である」という仮説です。何度か述べてきましたが、「お客さま」という言葉や大切なお客さまを「さんづけ」で呼ぶことを幹部クラスの人間が徹底して行う会社でなければ、その言葉遣いが社員一人ひとりに浸透しているとは思えません。

もう一つは、第1章でも述べましたが、「環境整備を怠らない会社は、お客さま志向の会社である」というものです。社内がきれいに片付いている会社は、お客さまから見えにくい部分まできちんとしているという意味で、お客さまのことについても細かな配慮がなされていて、求められているニーズにも的確に応えられる会社だと思います。

会議の内容では、「数字ばかり追いかけていないか」について注意深くチェックしています。「お客さま第一」を掲げる会社なら、売り上げ目標の数字や予算達成だけが議論の焦点になるはずがありません。お客さまが求める商品やサービスをいかに提供できているかが真剣に話し合われているはずだからです。

もちろん会社である限り、売上高や利益などの目標があるのは当然です。売上高や利益は、お客さまからの評価だからです。売上高が上がるということは多くのお客さまに喜ばれていることですし、反対に売上高が下がれば喜ばれる度合いも減ったことになります。お客さまが求めているものを提供できていないのです。だからこそ、売上高や利益には徹底してこだわらなければなりません。

ただし、売上高や利益はあくまでも目標であって、目的になってしまってはいけません。数字を掲げると、いつしかそれが目的にすり替わってしまうことが少なくありませんので、この点はいくら注意してもし過ぎることはありません。

実は、このことが分かるかどうかが、会社が成功するかどうかを左右するほど重要なことだと私は思っています。会社の正しい姿勢は、「利益が出るぐらい、お客さまにとって良い商品やサービスを提供するように頑張る」ということです。数字のことばかり言ってお尻を叩いているような会社は、「お客さま第一主義」ではなく「利益第一主義」の会社です。そういう会社は、悪くなることはあっても良くなることはありません。従業員も生き生きとは働いていません。ノルマに追われているからです。だから私は、「数字ありきだけの会議になっていないか」をチェックしているのです。

こうしたチェックポイントは、お客さまの会社に行って初めて見えてくるものです。会社の問題点を探るためにも、経営コンサルタントはお客さまの会社に直接行かなければならないのです。私の現場は経営会議ですが、コンサルタントだけでなくすべてのビジネスマンにとって、それぞれの現場が大切なことはいうまでもありません。

「イズム」を徹底させている会社

以前、ある会社の米国の工場をたまたま訪問したとき、現場を見て改めて実感できたことがいくつもありました。

その会社はアメリカの工場で新たな製品を作り始めたのですが、そのラインが動き始めたとたん「このままでは、量産できそうもない」というトラブルが起きてしまいました。原因は、日本の工場で作った生産ラインをそのまま海外工場に持っていったことにありました。日本の工場で働いているのは日本人ですが、アメリカの工場で働いているのは主にアメリカ人です。アメリカ人は日本人に比べると不器用な人が多く、日本人と同じペースで量産することができなかったのです。

このとき、この会社の社長の対応は実に素晴らしいものでした。量産できそうもないことが分かるや否や、日本の工場にいた20人ぐらいの社員をすぐさまアメリカへ派遣し、徹夜覚悟で全員で作業して生産数を確保し、まず製品を納期に間に合わせました。同時に、生産ラインの技術者も日本から派遣し、アメリカ人でも日本人と同じペースで量産できるようにラインの作り直しを一気に行いました。

素早い対応が功を奏したのは言うまでもありません。このとき、私の仮説に「良い会社というのは何も問題が起こらない会社ではなく、危機的状況のときに素早く行動できる会社である」という新しい項目が加わりました。それまで私は、製造業に最も求められるのは品質で、どこにも負けない品質の商品を安定的に作り続けさえすれば評価されるものだと思っていました。もちろん、それはそれで間違いないのですが、どんなに品質が高くても、商品の数が揃わなければ信頼を得ることはできません。間に合わないかもしれない状況の中で、間に合わせるにはどうすればいいのかを即座に考え、迅速に行動できる会社は、会社のビジョンや理念など「イズム」とでも言うべきものが一人ひとりの社員に浸透しているからこそ、社員が機敏に行動できるのでしょう。

まず行動に移す

イズムが浸透していれば、素早い行動ができる——この点に関しては、トヨタ自動車の主力部品メーカーであるアイシン精機のケースもすばらしいものです。

1997年2月、同社の主力工場である刈谷工場で火災が発生し、ブレーキの油圧を前後輪に振り分けるPV（プロポーショニング・バルブ）という部品の供給が完全に停止してしまいました。PVは、高度な精密加工技術が求められるので、トヨタグループの中でも生産していたのは同社の刈谷工場だけでした。火災当初は操業停止が数週間から1カ月にも及ぶと見られていました。トヨタ自動車は有名な「カンバン方式（ジャスト・イン・タイム・システム）」ですから、ほとんど在庫がありません。在庫が切れた段階でトヨタの全自動車生産がストップしてしまう――誰もが相当なダメージがあると思いましたが、実際には2日後には新しいブレーキ部品の試作品が作られ、その数日後にはラインが動くという驚異的な早期復旧を実現しました。

なぜ、こんなに早く復旧できたのかというと、トヨタ自動車の全面的なバックアップや系列の他メーカーの協力もありますが、何よりもアイシン精機の社員の行動が大きかった。工場から車で10分も走れば家がある人も多かったのに、皆が車で寝泊まりして会社の危機的状況に全力で対応したのです。

イズムの浸透している会社は、頭で考えるのではなく、まず行動に移します。以前、

「頭は臆病だけど、手は臆病ではない」と教わったことがありますが、その通りだと思います。ダメな会社ほど、ああでもないこうでもないと議論ばかりして、時間を無駄にしてしまっています。一方、イズムが浸透している会社の社員は、行動基準がはっきりしているので、まず行動に移します。手を動かす大切さを知っているのです。

イズムが社員に浸透しているかどうかをチェックする方法は簡単です。社員の表情を見るのです。イズムが浸透していれば表情は生き生きと明るくなりますし、そうでない会社は、全体的に雰囲気が暗くなります。頭で考えるだけの会社は、どうしても話が内向きになり、表情も暗くなってしまうのです。

失礼ながら、エコノミストや学者の経済予測が悲観的なことが多いのも、頭で考えてばかりいるからだと思います。現場感覚がないと、どうしても悪い方へ物事を考え、できない理由を並べがちです。しかしコンサルタントは実務家です。リスクの高いことはもちろん慎重に考えなければなりませんが、原則として常に「できる理由」を考えなければなりません。そういう意味でも、手を動かすこと、行動することが大事です。コンサルタントは、頭で考えるだけでなく身体や手が動く人でなければなりません。

3　いろいろなところに行って、「仮説⇓検証」

なぜデンマークは自転車が多いのか

国内外を問わず、機会があれば、いろいろなところに出かけてください。実際に行ってみて初めて実感することや、見えてくるものはたくさんあります。

私は毎年、経営者のお客さまを連れて海外へ視察研修旅行に行っています。アメリカやヨーロッパはもちろん、オーストラリア、ブラジルなどへも行きました。2011年はトルコとクロアチアに行きました。

先日、新聞を見ていたらデンマークの風力発電の記事を見かけました。2010年9月の視察研修旅行の行き先はデンマークでした。新聞記事に載っていた風力発電所も見学していましたので、余計に記事に目がとまりました。

デンマークを訪れたのには理由がありました。同国は、国民の幸福度や満足度が世界有数の高さなのです。その理由のひとつとして、国民1人あたりのGDPが高い一方、貧困率は5％と低く、世界で最も格差の小さい国の一つであることが挙げられます。ちなみに日本の貧困率は15・7％、デンマークの約3倍もあります。さらには風力発電が電力消費の20％強を賄うなど、いわゆる「環境大国」の一つに数えられています。

「高福祉」の国でもありますが、それはよく知られた話ですね。税と社会保障負担の対国民所得比である「国民負担率」を見ると、デンマークは70・9％です。北欧諸国は軒並み高いのですが、スウェーデンが66・2％、フィンランドは58・9％、ノルウェー57・2％ですから、デンマークの負担率が一番です。ちなみに、日本は38・9％です。

また、付加価値税（いわゆる消費税）は英国などとは違い、食料などに対する軽減税率なしに一律25％で、こちらも世界最高水準です。ですから物価が高い。500㎖の水がペットボトル1本で160円もします。日本より40％ぐらい高い感覚です。

このような基礎知識をもとにデンマークという国がどんな国なのか改めて見てみたいと思ったので、視察研修旅行の行き先に選んだのです。

もちろん、デンマークでも、「仮説を立てて検証する」を繰り返した結果、いろいろなことが分かりました。皆さんもコンサル力を鍛える訓練だと思って、ここからは少しデンマークの話にお付き合いください。

到着した日は夜も遅かったので、そのままバスでホテルに直行しましたが、ガイドさんにこう言われました。

「街では自転車に気をつけてください」

確かに、首都・コペンハーゲンの自転車通行量の多さには驚きました。市内のほぼすべての公道に自転車道が整備されていて、おびただしい数の自転車が走っていたのです。実に市内の通勤者の30％程度の人が自転車を利用しているそうです。

ここで「へぇ～」と感心しているだけでは、コンサルタントは務まりませんよ。深掘りが大事でしたよね。

なぜ、こんなにも自転車の通行量が多いと思いますか？

先ほども述べた通り、デンマークは幸福度や満足度が高く、一人当たりGDPも世界有数の高さを誇る豊かな国です。自動車ぐらい持っていてもよさそうなものです。しかも9月の時点で朝の気温は10℃しかなく、冬はさらに冷え込みます。普通なら車で通勤した方が便利です。

それなのに、3割もの人が自転車通勤しているのです。なぜでしょうか。

――車が規制されているから？

だいたい合っているのですが、でも、もう一声欲しいですね。

――車の値段が高い？

それです。どれぐらい高いかというと、車の消費税はなんと180％。同じ製品でも2・8倍もします。つまり、定価が200万で売られている車を560万円も出さなければ買えないのです。

ここでまた、「へぇ～」と感心するだけでは、コンサル力は強化されません。

なぜ、車の消費税が180％もするのでしょうか。

――買わせないようにしている？

近づいてきました。なぜ車を買わせないようにしているのでしょうか。

――環境対策のため？

確かに、それはあるでしょう。でも、それだけではありません。

——自分の国に自動車産業がないから？

正しいのですが、経営コンサルタントならもう一歩踏み込んでほしい。つまり、自国に自動車産業がないから……？

——輸入しないといけない？

その通りです。

デンマークは自動車生産国ではありません。自動車を手に入れるには、海外から製品を輸入するしか方法はありません。となると貿易収支の問題が絡んできますよね。

ここで私は、「**デンマークは貿易収支の黒字化を目指している**」と仮説を立てました。

仮説を立てたら検証してみる

仮説を立てたら、検証です。

自動車は他の消費財に比べて高額ですから、大量に輸入すれば貿易収支は悪化します。

日本や米国の新車販売台数の統計を見ていると、おおむね人口の４％程度の新車台数が毎年必要になります（興味があれば、月曜日の日経新聞の景気指標で確認してください）。

貿易収支が悪化、あるいは貿易赤字になれば、経済力が落ちますから、デンマークの人は高水準の生活を維持できなくなってしまいます。もっと言えば、車を輸入すれば燃料の原油も輸入しなければなりませんから、さらに貿易収支は悪化します。

自動車を輸入すると、どのぐらい貿易収支に影響するのでしょうか。少し計算してみましょう。まずは、デンマークの年間の自動車販売台数を割り出します。デンマークの人口は約550万人です。年間の新車販売台数は、先ほども述べたように私の感覚では国の人口の4％くらいです。それに当てはめると、デンマークは22万台ぐらいと予測できます。

次に自動車の総販売価格を計算します。車1台の販売価格を2万ドルと想定すると、2万ドル×22万台＝44億ドルです。それを輸入するわけですから、分かりやすいように、為替レートを1ドル＝100円とすると、デンマークでは、自動車の輸入に年間4400億円ものお金がかかることが分かります。

その金額を抑えるために車に180％もの税率をかけたのです。車の買い控えによって国内のガソリンの消費量、ひいては原油の輸入量も抑えられます。なおかつ、風力発電が国内の消費電力の20％強ですから、さらに燃料の輸入を抑えることができ、貿易収支は大幅に改善されるはずです（風力発電は環境の観点もありますが、貿易収支上の観点からも推進していると私は思っています）。

ちなみにコペンハーゲン一の繁華街も訪れましたが、高級ブランド品のブティックはほとんど見当たりませんでした。おそらくこれも、自動車と同じように大量に輸入すれば貿易収支の悪化につながるので、そうならないようにコントロールしているのではないかと思います。

「デンマークは貿易収支の黒字化を目指している」。まず間違いないと思います。

なぜ黒字化にこだわるのか。再度の仮説と検証を

それにしても、デンマークが貿易収支の黒字化にここまでこだわる理由は何でしょうか。もう少し、深掘りしておいた方がよさそうです。

私は、「**高福祉の維持のためではないか**」と仮説を立てました。

ガイドさんに聞いて驚きましたが、デンマークでは、学校は大学院まですべて無料です。大人がちょっとした勉強サークルを開く場合も、条件さえ満たせば政府からの補助が出るそうです。さらに、薬代を除く医療費も原則無料で、高度な医療や先進医療を受けても患者は基本的に医療費を支払う必要がありません。

さらに介護費用も原則無料です。高齢者が介護施設付設の賃貸住宅などに入居した際も、家賃が年金の25％を超える分は国が負担してくれるそうです。

実際、コペンハーゲン郊外の人口8万人ぐらいの市の介護施設を見学しましたが、実に立派な施設でした。12室で1ユニットとなっていて、共同のキッチン・ダイニングが設けられています。介護職員も常駐していて、職員が24時間いつでも対応する体制が整っています。個室はおよそ50平方メートル。帰国後に日本の同様の介護施設を見学しましたが、そこは1室あたりおよそ15平方メートルしかありませんでした。

入居者は、家賃と食費を払っても、まだ手元にちょっとしたお小遣いが残るそうです。ですから、デンマークでは基本的に年金だけで暮らせないという人はいないのです。

ただし、こうした高福祉を維持するためには、国民に「**高負担**」を課さなければなりません。先ほど紹介したように、デンマークの国民負担率（税と社会保障負担の対国民所得比）は70・9％と世界最高水準です。個人所得税の最低税率は40％、最高税率は60％です。これはつまり、稼いでもお金の半分程度は所得税で取られてしまうことを意味します。そして、付加価値税（いわゆる消費税）も25％と、こちらも世界最高水準です。つまり、高い税金を取られた残りを使っても、さらにまた高い税金を取られるのです。

こうした高福祉、高負担の国のシステムを維持するには、貿易収支を黒字にしてGDPを底上げし、かつ財政の健全化に務めなければなりません。そのための対策の一つが、車の消費税の高さに表れているわけです。そして、それが自転車の多さにつながっているのです。「貿易収支の黒字化にこだわるのは、高福祉の維持のため」という仮説は概ね合っているように思います。

デンマークは「環境国家」と言われています。それは正しい見方なのですが、もうひとつの見方として「貿易収支の問題がある」ことが分かれば、より深くデンマークという国を理解できるようになります。

このようにデンマークに行って、「自転車に気をつけてください」と言われたということからだけでも、仮説を立てて検証していけば、これだけのことが見えてきます。

イギリスのことわざに、「Experience is the best teacher」というのがあります。経験は最良の教師。お金に少し余裕ができたら、積極的に海外にも足を運んで、自分の目で実際にさまざまなものを見てください。

ところで風力発電に関連して言えば、今、日本は福島第一原発の事故の影響で脱原発を唱える人がたくさん出てきています。私も賛成で脱原発にシフトすべきだと考えています。日本だってデンマーク同様、発電量の20％を再生可能エネルギーで賄うことは十分できるはずです。今、日本の再生可能エネルギーは10％ぐらいで、大部分が水力発電です。太陽光や風力は1～2％しかありません。

日本も原油を輸入しなければならない国です。その意味でもデンマークのような国をお手本にしながら、再生可能エネルギーを模索する段階に来ていると思います。この先の高齢化や現状の財政赤字の問題を考えても、また、エネルギーの観点からだけでなく貿易収支という視点からも、再生可能エネルギーの問題をとらえなければなりません。

4　行動するときのポイント

行く先々のレストランやショップで、お店の対応を観察

私は、お店に入る、電車や飛行機に乗る、出張先のホテルに宿泊するなど、出かける先々で、その従業員がどんな対応をしているのかチェックすることを習慣にしています。もうクセになっていますから、きびきびと動いているか、臨機応変にお客さまに対応できているかなどを見て、そのお店（あるいは会社）のお客さま志向がどの程度であるのかを判断しているのです。

これは、コンサルタントとしての仮説検証や感性を磨くのにすごく役立っています。ビジネスマンの方にも大いに役立つことは間違いありません。いろんなものを見ていると、多くのことに出くわします。次のエピソードは、他の本にも書いたものですが、参

考までに読んでください。

あるとき、こんなことがありました。時々、出かけるファミリーレストランで私たち家族が食事をしていると、若いご夫婦が生後まだ数カ月のかわいい赤ちゃんを連れて来店されました。

すると年配のウェイトレスさんは、「いらっしゃいませ」と言ったあと信じられないことを言ったのです。

「おふたりさま、ご来店です！」

私は耳を疑いました。このお店では、入口のウェイトレスさんが人数を叫ぶと、別なウェイトレスさんがお茶やおしぼりを持ってくるようになっています。その人も、やはり2人分のお茶とおしぼりしか持ってきませんでした。

赤ちゃんを人数に入れずに平然としているなんて、どういう神経でしょうか。お店側は「食事をするのは（お金を払ってくれるのは）2名」と思っているのかもしれませんが、その考え方にはお客さまの立場に立っている視点は一切ありません。私はこのとき、「このお店は近いうちに間違いなく潰れるな」と確信しました（実際に、この店はほどなくオーナーチェンジをしました)。

ほんの一例ですが、経営コンサルタントは、いろんなお店を利用し、実際にモノを買うからこそ見えてくることがたくさんあります。お客さまの現場だけでなく、いろんなところで経験を積み、仮説検証することができるのです。ですから、日々の生活で利用するレストランや喫茶店など、ありとあらゆる場所での従業員の対応などは格好の観察対象になります。もちろん何度も言ってきましたが、観察するときは「お客さま第一」など原理原則を勉強した上で、基準を持つことが大切です。そして、「植物はよく手入れされているか」など仮説を立ててそこから検証を始めるようにしてください。出かける先々でコンサル力に磨きをかければ、必ず仕事に生かすことができます。

小さな行動を大切に

私は、チェーン展開をしている、ある学習塾の役員をしています。そこでは年に2回、全国模試を行っていて、いつも私はその模試に合わせて、お子さんのご両親向けに講演をしています。前回の講演会場は新潟でした。

その際、私が必ず言うことがあります。それが、「お子さんの成績を上げたいなら、まずはご両親が勉強してください」というものです。

子どもに「勉強しろ」という親は多いですが、それなら自分は勉強しているのかといえば全然していない人も少なくないのではないでしょうか。子どもは親を見て育ちます。親が勉強しないのに子どもが勉強するはずがありません。人にあれこれと言うなら、まずは自分から率先して行動するべきです。

経営者も同じです。リーダーとして人を動かすには、まずは自分が動かなければなりません。経営者が楽をしていて、あれこれと指図してばかりでは社員がついてくるはずがありません。「指揮官先頭」の心構えが大切なのです。

先に述べたとおり、このことは経営コンサルタント自身も肝に銘じなければなりません。経営は実践です。理屈を並べるのではなく、行動しないといけません。自分がやらないことを人にアドバイスするのは、正しいことではありません。

真の経営は「小さな行動」の徹底から始まります。小さな行動とは、「笑顔で挨拶をする」などの基本動作を指します。先にも述べたような「小さな行動」です。大切なお客さまに「さん」づけする、さらには「お客さま」という言葉遣いを徹底する。すべて小さな行動です。でも、この基本動作すらできない人が何と多いことか。「こんな簡単なことでいいのか」と言っている人のなかにも、実はできない人がいっぱいいます。

「お客さま」という言葉遣いに関して言えば、外では、「お客さま」と言いながら、社内に戻ると「あの客が〜」などという言い方をしたり、名前を呼び捨てにしたりするようなことがあれば、お客さま志向はかなり低い会社と言わざるをえません。

「クレーム処理」という言い方もそうです。「クレーム対応」を「クレーム処理」などという言い方を平然としている会社は、お客さま志向ではありません。お客さまは、よほどのことがあるから苦言を呈しているのです。それを、まるで事務処理のように「処理」してしまう会社が、お客さま本位の商品やサービスを提供できるとは思えません。

小さな行動や言葉遣いに、その会社や人の本質が見えるものです。

基本動作のなかでも会社によって対応が大きく異なるのが電話対応です。「3コール以内で取る」というのは常識中の常識だと思いますが、意外に守られていないものです。

あるとき、ある大手新聞社に電話したら、10回も電話が鳴ってようやく出た相手が「もしもし」と電話に出たのであきれ返ったことがありました。家の電話ではないのです。「もしもし」とはどういう神経をしているのでしょうか。小さな行動が徹底されているとはとても言い難いと感じました。これはマナー以前の問題です。

お客さまから電話があって担当者が打ち合わせ中のとき、「あいにく会議中です」というのもおかしな話です。社内の会議が忙しいから電話に出られないなんて、本来あってはならないことです。たとえ会議中でも、外からの電話は取り継ぐのが基本です。

基本動作とはこういうことです。経営コンサルタントが「小さな行動の大切さ」を経営者に伝えたいなら、まずは自らが小さな行動を徹底させなければなりません。

第3章のまとめ

コンサルタントは行動する人でなければなりません。そのために必要なことを理解できたか、次のチェックシートをもとに確認してください。

□ 自分の行動や実践をベースにして、お客さまにアドバイスができているか ▼P149

□ 人に会うのを億劫がっていないか ……▼P153

□ 自分から動いてお客さまに会いに行っているか ……▼P159

□ 現場に率先して出向いて「定点観測」しているか ……▼P162

□ 「イズム」の大切さを理解しているか ……▼P165

□ 国内外のいろいろなところに出かけ、さまざまなものを見ようとしているか ……▼P169

□ 出かけた先で、「仮説を立てて検証する」を実行しているか ……▼P173

□ 検証したことにさらに疑問を持ち、深掘りしているか ……▼ P175

□ 普段利用するレストランやショップでも、さまざまな仮説を立て検証しているか ▼ P179

□ 小さな行動の大切さを理解し、自ら実践しているか ……▼ P181

第4章

経営コンサルタントの時間力

1　時間力を高めよう

この章では、経営コンサルタントがどんな時間の使い方をしているのかをお伝えしていきます。

忙しくなるほど、「時間をコントロールする感覚を持つ」ことが大切になります。「時間がない」「忙しい」が口グセになっている人を見かけますが、そういう人は時間を使っているのではなく、時間に使われているのです。これとは逆に、時間をコントロールする感覚を持っている人は、「忙しい」と嘆いている人の何倍も忙しいのに何倍もイキイキと働いています。「タイム・イズ・マネー」と言いますが、このことわざの本当の意味は、時間をコントロールできる人がお金をコントロールでき、ひいては人生をコントロールできるのだと私は思っています。

それでは、どうすれば「時間をコントロールする」ことができるようになれるのでしょうか。時間をコントロールしながら最大限にパフォーマンスを出す方法、すなわち、時間力を高める方法を見ていきましょう。

私の時間の使い方

まず、私が普段どんなスケジュールで仕事をこなしているのか、ざっと説明しましょう。

私には、15社の顧問先さんがあります。東京だけでなく、東海地方、近畿、九州にも顧問先さんがあります。その子会社も含めて現在10社ほどで非常勤の取締役、監査役を務めていて、月に10回ほど経営会議や取締役会、理事会などに出席しています。

また私の事務所では、現在約330社の会員企業さん向けに定期的に東京と大阪でセミナーを開催し、私が講師を務めています。さらに年間を通して事業後継者を育てる「後継者ゼミナール」や、経営コンサルタントを育てる「経営コンサルタント養成講座」などを開催し、これも、かなりの部分で私が講師を務めています。

これだけでも1人分の仕事としては多すぎると思いますが、これら経営コンサルタントとしての本業の合間を縫って、年間200個所ほどで講演や研修を行っています。講演する場所は北海道から九州、沖縄まで文字通り、全国各地です。

1週間あまりで8回もの講演を行うことも珍しくありません。例えば、日曜に新潟で1講演、月~火曜はありませんでしたが東京でコンサルタントとしての仕事をこなし、水曜は東京都内で3つの講演をはしごし、木曜と金曜は大阪で各1講演、土曜は博多に移動して1講演、日曜は広島で1講演――こんな週が実際にありました。さすがにこれだけ講演すると、「今週はずいぶんしゃべったな」と思います。

地方へは新幹線や飛行機を利用します。だいたい普通の年は片道を1回として新幹線に年間110回、飛行機には80回ぐらい乗っています。

他にも月に2回ほど、『ちちんぷいぷい』という大阪のテレビ番組に出演しています。まだ、あります。執筆活動も精力的に行っています。ウェブや雑誌などの連載が月に10本ほどあり、年に数冊は単行本も出しています。また、月に2回発行している自社のメルマガも私が書いていますし、会社のブログの日記は毎日アップしています。合間を縫って新聞や雑誌の取材もよく受けます。

これに加えて、私を入れて8人の会社の経営もしています。小さな会社ですが、それでも社長としての仕事があります。

どうですか、他の人の5倍ぐらいのアウトプットを出している――こんなイメージではないでしょうか。でも、まったく苦になりません。

以前、ある会社の社長にこう言われたことがあります。

「小宮さんは、どうしてそんなに働くのですか？　ビルでも建てようと思っているのですか。働いてばかりの人生なんて面白くないでしょう。ゴルフの会員権や別荘でも買って、もう少し休んで遊んだらどうですか？」

私は、ビルを持つこともゴルフの会員権を買うことも、それほど興味がありません。そもそも、この社長さんは「働いてばかりいる＝面白くない」と思っているようですが、その考え方自体が違います。私は仕事をすることが大好きだからです。好きでなければ、こんなにたくさんのスケジュールをこなすことなどできるはずがありませんよね。

仕事自体は大変で、楽だと思ったことは一度もありませんが、顧問先さんの事業が今まで以上にうまくいったという話を聞けばやりがいを感じますし、講演で参加者が熱心に聞いてくれる姿を見たら、すごく喜びを感じます。本を読んだ方から、「勇気が出た」などというお手紙をいただくと仕事をしていて本当に良かったと思います。

こういうことがあるから、私は働いているのです。

お客さまのため、講演を聞きに来てくれる皆さんのため、本を読んでくれる読者のために良い仕事をして、結果として多くの人に喜んでもらえればいいのです。その結果、当社も私も豊かになりますし、納税という形で社会にも還元することで、より良い社会づくりにもわずかですが貢献できているのです。

先の社長さんは、「もう少し休んで遊んだらどうですか」とも言いましたが、これも間違っています。私はちゃんと休暇を取って休んでいるからです。驚かれるかもしれませんが、睡眠時間は平日で6~6・5時間、出張の時や休日は7~8時間ぐらいとっています。

皆さんが思っている以上に、しっかり寝ていると思いませんか。しかも毎週末、出張が入っていなければ、家族そろって近所に外食に出かけます。家族旅行も時間があれば年に何度かは行っています。

このように、時間を上手にコントロールしていることに関しては、私はけっこう自信があります。そのコツは大きく分けて二つです。

一つは**集中力を高めること**です。私は調子が良ければ、1200字程度の文章なら、15分から20分で書けます。そのためには、**自分にとってやる気の出る時間帯を把握し、その時間に大事な仕事を一気に片付けるように心がける**べきです。

もう一つのコツは、**自分にしかできない仕事が何であるのかを見極め、それ以外は他の人に任せる**ことです。

それぞれの中身については、これからお伝えしますが、何か特別なことをしているわけではありません。ほんのちょっとしたコツを摑んで、それを毎日実行しているだけです。

繰り返しますが、この二つのコツも、コンサルタントになりたい人だけでなく、多くのビジネスマンにもきっと参考になるはずです。

2　時間力を高めるコツ1　「やる気の出る時間帯」を把握する

朝と昼、自分が集中できるのはどちらか

時間の使い方のコツをお話しする前に、まず覚えておいてほしいのは、仕事というのは「どれだけ長い間、頑張って働いたか」が問われるのではなく、**「その時間内に、どれだけ質の高いアウトプットを出せるか」**が勝負になるということです。

考えてみてください。仕事を評価してくださるのはお客さまです。お客さまにとっては、質の高い結果が得られればそれでいいのです。

こちらがどんなに時間をかけて仕事をしようが、あるいは短時間でさっさと終わらせようが、お客さまには全然関係のないことです。良い仕事でありさえすれば、それで満足していただけるのです。そう考えると、質の高いアウトプットをいかに出していくか

が大切であることが分かると思います。

そのためにカギになるのが、**自分にとって「やる気の出る時間帯」、すなわち集中力を保てて、自分の能力をフルに出せる時間帯を見つけること**です。1日24時間のうち、人間には「調子のいい時間帯」というのが必ずあります。自分にとって、それはいつなのかを把握するのです。

私は圧倒的に朝に調子がいいタイプです。顧問先さんの問題解決策を思いつくのも朝が多いです。原稿がはかどるのも、書籍の企画が浮かびやすいのも朝です。つまり私の場合、朝の時間帯を大切なことをアウトプットするための時間に充てれば、質の高いモノが生まれる可能性が高くなることになります。

もちろん昼が調子がいい人もいますし、夜が絶好調だと言う人もいるでしょう。自分なりにやる気の出る時間帯を探して、そこに大事な仕事を集中させるようにしてください。

ただ、夜に調子のいいタイプの人は要注意です。物書きのように一人で完結する仕事ならいいのですが、ほとんどのビジネスマンがアウトプットを求められるのは、会議やお客さまのところなど多くの人と関わりあっている場面です。それは圧倒的に昼間が多いですから、朝や昼に調子のいい時間帯を持つほうが有利といえます。夜型の人は少し早く寝て、少し早く起きる習慣を身につけ、より早い時間帯に調子がよくなるようにしてみてはどうでしょう。

やるべきことを把握し、事前準備を怠らない

やる気の出る時間帯が確認できたら、今度は、その時間帯にどの仕事をするのかを把握します。スケジュール帳を見て次の日にやらなくてはならない仕事を確認し、その中で「やる気の出る時間帯」に回すべきものを決めておくのです。このとき、**自分の集中力がどのぐらい続くのかも把握しておくと、さらに仕事がはかどります。**

私は、原稿執筆は調子がいいと1時間で原稿用紙にして約10枚、4000字ぐらい書き進めることができます。しかし、そのまま続ければ3時間で30枚書けるかといえば、それはできません。集中できる限度がせいぜい1時間だからです。それ以上無理にやっても筆は進まず、頭もすごく疲れます。

ですから1時間を目安に別の仕事にとりかかるようにしています。原稿のチェックなら2時間程度が限度です。

このように、**自分の集中できる持続時間をおおよそでも把握しておけば、やる気の出る時間帯に、どのぐらいの仕事量をこなせるかが分かります。最もはかどる時間帯のパフォーマンスを最大化できるわけです。**

ただし、パフォーマンスを最大化するには、**やるべきことの「準備」をしておくこと**も大切です。

必要な資料があれば用意し、原稿を書くなら、あらかじめ書くテーマや、あらかたの内容を書く前に決めておくことなどです。パソコンに向かってから「さて、何を書こうか」などと考えているようでは、いくら時間があっても足りません。考えることは「書く」という作業までに済ませておくのです。考えることなら、電車の中でも歩きながらでも、どこでもできますから。

さらには机の整理整頓も大事になってきます。やる気の出る時間帯を迎えたときに、やると決めた仕事そのものに集中できるように準備を万全にしておくのです。完璧に片づいていなくてもいいですから、資料を見やすい状態にしておくなど、できるだけ仕事に集中できる環境を作るように心がけてください。物事というのは、とかく始めるまでに時間がかかることが多いので、そういう余計な時間をできるだけ先に取り除くようにしましょう。スタートダッシュに成功すれば、最大限のパフォーマンスが出せるようになります。

先にも書きましたが、月に10本程度の連載の他に、月に2回、自社のメルマガを発行しています。メルマガの文章量は1回につき原稿用紙4~5枚程度ですが、私がどれぐらいの時間をかけているかというと、2回推敲する時間も入れて早ければ15~20分、遅くても30分です。自慢ではありませんが、出版社の編集者さんも驚くほどの速さです。こうしてスピードが出せるのも、やる気の出る朝の時間帯を有効に使い、かつ、書き始める前にあらかじめ「何を書くか」を決めているからです。集中できる時間帯と事前の準備が、早く仕事をする大きなポイントになります。

調子の悪い時間帯に大事な決断はしない

そして、これは逆も真なり、です。つまり、**「調子の悪い時間帯」に大事な判断はしないこと**です。

私の場合は夜です。朝に比べて夜は明らかに頭の回転が鈍っています。もちろんお客さまの都合によっては、お客さまに関わる重要な課題を夜に判断するときもありますが、その場合は必ず次の日の朝に改めて判断し直すようにしています。夜と朝の判断が同じ結果ならそれでよし、もし違っていれば朝の判断の方が正しいという前提で仕事を進めます。

先にも述べましたが、経営コンサルタントは自分の出した結論が、顧問先さんの企業と、そこで働く従業員さんや家族、株主など多くの方たちの人生を左右することがあります。したがって絶対にしくじることはできません。少なくとも自分にできるベストの結論を出すことが必要です。だからこそ自分にとって調子の悪い時間帯に、大事な判断をしてはいけないのです。

3　時間力を高めるコツ2　自分にしかできない仕事に集中する

まず「やらされている感覚」を追放する

時間をコントロールする二つ目のコツは、**自分にしかできない仕事が何かを見極める。それ以外は他の人に任せることです。**

私がこれほどの仕事量をこなせるのは、スケジュールを調整してくれる秘書と、協力してくれるスタッフがいるおかげです。秘書は、原稿の締め切りのコントロールや講演、研修、取材、それに多くの会議などのスケジュール調整、それに伴う新幹線や飛行機、ホテルの手配などをすべて行ってくれます。講演などでは、レジュメや配布資料などの手配なども行ってくれます。もし、それらすべてを自力でやっていたら今の仕事量はとてもこなせません。

定期的に東京と大阪で経営者向けのセミナーも開催していますが、お客さまである約330社の会員企業さんに連絡し、出欠をまとめてくれるのは担当スタッフたちです。私は束縛されるのが嫌いなタイプですが、長年働いている秘書は、そういう私の性格も知り尽くしているので、そのあたりを絶妙に配慮した日程を上手に組んでくれます。

また、仕事に必要な参考資料やデータが出てきたら、すぐ事務所のスタッフにそろえてくれるように頼みます。「過去30年分の名目GDPの数字が知りたい」「最近の失業率の推移は……」などといった具合です。これも自力で調べようとすると、それだけでかなり時間がかかってしまいます。

要は分業ができているわけです。なぜ分業するかというと、**私が自分にしかできない仕事に集中したいからです**。お客さまの問題の解決策を考えたり、原稿を書いたり、講演したりというのは、私が責任をもってやらなければならないこと、私にしかできないことです。それに専念するためには、私以外の人でもできることは極力、他の人に任せるようにしています。

もちろん若い方は、こんなふうに他人に仕事を任せることなどできるはずがありません。上からの指示で動く仕事の方が圧倒的に多いでしょう。しかし、それでも、仕事をやらされている感覚ですることだけはやめてください。どんな仕事でも、「高い評価が得られるくらいの良い仕事をしよう」という気持ちで取り組んでください。松下幸之助さんは「一人ひとりが店主だと思って仕事をして欲しい」とおっしゃっています。各自が自分の個人商店をやっている気持ちで仕事をするように心がけてください。

雑用だってばかにしてはいけません。しかたなしにやるのではなく、もっと良くするにはどうすればいいかを常に考えながらその仕事を前向きにこなすのです。仕事のできばえがよければ、自然と周囲の評価が高くなり、より創意工夫が求められる仕事が回ってきたり、大きなプロジェクトに挑戦できるようになったりします。周囲の信頼が高まるにつれ、自分の裁量でできることが増えていくわけです。スタッフも増えていき、そうすれば、より自分しかできないことに専念することができるようになります。

世の中、何が評価されるかわからない

ところで仕事というのは、思わぬものが評価されることがあります。

私は、「日経新聞の読み方」について、日経BP社からシリーズ本を3冊出版しましたが、正直、こんなに反響があるとはまったく思っていませんでした。なぜなら、日経新聞を読むことも、月曜日の景気指標の欄を見ることも、私にとってはあまりにも当たり前で何十年も続けてきたことだったからです。本を出す前から、経営者向けのセミナーでは日経新聞を題材にお話ししていて好評でしたが、本を出してみて改めて多くの人に役立つものだということが分かりました。

『「1秒！」で財務諸表を読む方法』（東洋経済新報社）を出版したときもそうです。経営コンサルタントである以上、財務諸表が読めるなどということは当たり前です。ただ、自分なりに長年かけて習得した財務諸表を読むコツがいくつかありましたから、それは読者の皆さんにお伝えする価値があるだろうと思ったら、予想をはるかに超える反響がかえってきました。

世の中、何が評価の対象になるか分かったものではありません。だからこそ、どんな仕事であろうと全力投球で真剣に取り組むべきなのです。最後は、その積み重ねがものをいいます。

月初めに仕事とプライベートの目標を立てる

時間をコントロールする感覚を持つ、その訓練になるのが目標管理です。何を、いつまでにやるのか、具体的な目標を立てて実行していきます。

といっても、大げさなものではありません。私が昔から実行していて皆さんにもおすすめしたいのが、**「毎月1日に『月間目標』を立てる」ことです。仕事とプライベート、それぞれ一つずつ目標を立てるのです。**

ハードルの高い目標である必要はありません。それよりも、例えば仕事なら「スティグリッツの『入門経済学』の○ページから○ページまでを徹底して読んで理解を深める」とか、プライベートなら「家族で月に2回以上、外食に行く」とか、こんな程度で構いません。そして、掲げた目標はその月のだいたいいつまでに実行するつもりなのかも決めておくと、より具体的で進めやすくなります。

私は30代の頃から、こんな感じで月間目標を立てて、それをずっと続けてきました。

スティグリッツの『入門経済学』のある個所を素読みするだけなら、わざわざ目標を立てなくてもいいかもしれませんが、その個所を「徹底して読んで理解を深める」となると、欄外の注釈を確認したり、ほかの専門書を参考にしたりして読んでいかなければなりません。こうしたことは、やろうと思っても、つい後回しになりがちです。だからこそ、あえて目標として掲げた方が良いのです。かといって、決して難しい目標ではありません。平日の朝に毎日数十分ずつやるか、あるいは土日のどちらかの時間を使ってやれば、難なく終わる程度のものです。

仮に目標が達成できなくても、神経質になる必要はありません。反省すればいいだけの話です。私も毎月のすべての目標を達成できているかと言われれば、できないときもあります。本を読む目標を立てても、全部読み切れないときがあります。その場合は、読めなかった分だけ翌月に持ち越して、また新たな目標として実行するようにしています。目標はこのぐらいのゆるい感覚で立てて構わないと思っています。その方が途中で挫折せずに長続きするからです。

月間目標のいいところは、「毎月1日」という誰もが覚えられる区切りのいい日に目標を立てられることです。年間目標では先が長すぎて何の目標を立てたかということすら忘れてしまいますし、週間目標では短すぎて目標に追われるばかりになってしまいます。月間目標ぐらいがちょうどいいスパンなのです。

月間目標をクリアできれば、ちょっとした達成感が生まれます。達成感を毎月味わうことができれば、少しずつ、でも、着実にステップアップしている手応えを感じられるようになります。すると目標を立ててそれを達成していくのが楽しくなってきます。つまり、自分で時間を上手にコントロールしながら意欲的に仕事に取り組めるようになるわけです。

月間目標を立ててそれを実行していくことを繰り返していけば、より長期的な目標を立てて、それをクリアしていくこともやりやすくなります。

目的と目標の違いを理解しておこう

目標についてもう少しお話ししましょう。目標は、そのはるか先に目的があります。目的と目標の違いが分かりますか？　それは次の通りです。

○「目的」とは、最終的に行きつくところ、あるいは存在意義
○「目標」とは、その通過点や具体的な評価

例えば具体的に言うと、「家族を幸せにする」ことが目的で、「家族を休暇に温泉に連れていく」ことは目標になります。

分かりますか？　つまり、目的は「終わりがないもの」と言い換えられます。家族を何度か温泉に連れて行っても、家族を幸せにするという目的が達成されるわけではありませんよね。その意味で、目的は存在意義でもあるのです。生きている限り目指していくべきもの。それが目的です。

一方、目標は、やったかやらないかが明確に分かる計測可能なものです。「スティグリッツの『入門経済学』の○ページから○ページまでを徹底して読む」ということも、「家族で月に2回以上、外食に行く」ということも、やったかやらないか結果がはっきりと見えます。これが目標です。

ただし、目標は、その先にある目的を念頭に置いて立てられれば良いのですが、若い人にはなかなか難しい場合があります。自分の存在意義、とくに仕事における存在意義なんて、なかなか分からないですよね。ですから、まずは「月間目標」を立てて、それを達成する努力を続けてください。そのうちに、より長い目標や目的が見えてくるはずです。

多くの目標管理の本では、目的から長期目標、さらにはそれをブレークダウンして短期目標を設定するとありますが、現実問題としては、これはなかなか難しいと私は自分の経験上思っています。『論語』にも「五十にして天命を知る」とあるように、孔子ですら50歳になって自分の天命を知ることができたのです。自分の人生の目的を知ることはそれほど難しいことなのです。ですから、われわれ凡人は「月間目標」を積み重ねていくことのほうが確実なように私には思えます。

ちなみに、会社の目的はビジョンや理念です。「お客さまや社会に喜ばれる商品やサービスを提供する」ことなどが該当します。良い商品やサービスの追求には終わりがありません。だから目的になるわけです。

コンサルタントとしてのビジネスにおける私の目的は、「人に成功してもらうこと」

です。これが私の存在意義です。顧問先のお客さまや本を読んでくださる方、講演会に来てくださるビジネスマンが成功してくれたら、これに勝る喜びはありません（そのために「本を100冊出版する」などの目標があります）。

4　一流と二流を分けるもの

少しずつ努力を積み重ねる

私はこれまでもたくさんの人に、「騙されたと思ってやってみては？」と月間目標を立てることをすすめてきました。でも実践している人は、ほんの一握りです。

実はこれこそが、人の成功を分ける「紙一重の差」だと思っています。人が良いとすすめることを、一歩踏み込んで素直にやれるかどうかです。

月間目標を立てるか立てないか。それをやるかやらないか。さらに続けるか続けないか――このちょっとした差が、いつしか大きな差になり、成功する人とそうでない人に分かれていくのだと思っています。

書店のビジネス書コーナーにはノウハウ本やハウツー本がところ狭しと並んでいますが、紙一重の積み重ねも行わずに上っ面のノウハウや小手先のテクニックだけをいくら吸収したところで、その人の「伸び代」はたかが知れています。ノウハウ本やハウツー本は、その分野を知るきっかけになるという意味では有益ですが、本当に成功したいのなら、毎日新聞を読む、日々の仕事をおろそかにしない、目標を立てる、立てたら実行する、自分の専門分野に関しては徹底して知識を習得する――こうした、できることをコツコツと積み重ねていく以外に方法はありません。

仕事を右から左にこなせるようになるだけでは、一人前になっただけの状態です。一人前というのは、厳しいようですがまだこの時点では二流です。しかし、二流でも仕事をするのに支障はありませんし、周りからは文句を言われませんから、多くの人が二流どまりになってしまうのです。

それでは二流から一流になるにはどうすればいいのか。唯一の方法は仕事の一番奥深いところを追求することです。専門書を深く読み込んでもいいし、一つのテーマを仮説を立てて検証を繰り返して深掘りしていってもいい。とにかく一歩踏み込んで仕事をし、かつ、それを続ける。これが一流になる唯一の方法です。

ものすごく生意気な言い方ですが、私は一流になる可能性のある経営者の方とのみ仕事をしています。「一流＝大企業」という意味ではありません。むしろ、私の顧問先さんは中小企業が圧倒的に多いです。一流になるのに、会社の規模の大小は関係ありません。大事なことは経営者自身の考え方と姿勢です。お客さまのため、社会のために良い仕事をする、そしてそのために自ら常に研鑽するという正しい考え方を持っていれば、一流の経営者になれる素質があります。

もちろん逆も真なりで、相手も私が二流どまりか一流になる素質があるのかをチェックしているはずです。ですから私は、経営コンサルタントとしてのプライドに賭けて、お客さまに認められる存在になれるように良い仕事をしようといつも思っています。一流であるかどうかはお客さまが判断することですが、コンサルタントでなくともビジネスマンであるなら、一人前で満足せず一流を目指してほしいと思います。毎日の少しずつの努力の積み重ねで誰でも一流になれると思います。

オフの過ごし方

オフの日はゆっくり体を休めて……と言いたいところですが、そもそも私の場合は土日でも丸一日、オフになることはなかなかありません。原稿執筆など何かしら仕事が入っているからです。

それでも週末に自宅にいるときは、朝は普段よりもゆっくり起きますが、少し執筆などの仕事をした後は、夕方に1～1時間半ぐらい散歩をして、その後に家族揃って外食する時間を確保するようにしています。もう10年以上は続けていますが、無理のない範囲で家族と過ごす時間を作っているのです。

私は家族とコミュニケーションするのも、「紙一重の積み重ね」の差だと思っています。仕事も家族関係も努力しなくてもどうにかなると思い込んでいる人が多いのですが、それは違います。仕事も家族関係も一歩踏み込んで努力しないと決して良くなりません。月間目標に、仕事と合わせてプライベートの目標を一つ立てるのはこのためです。仕事に忙殺されると、家族で出かけることなど、つい後回しになってしまいます。だから意識して何かしら家族に関する目標を掲げて実行しているのです。

本書でも述べてきた通り、私は出張がすごく多く、年に90泊ぐらいどこかのホテルに泊まっています。このときも夜、家への電話は欠かしたことがありません。妻と話し、リビングにいれば息子と娘にも代わってもらって話をします。これを結婚直後からずっと続けていますから、家にいないことが多くてもコミュニケーション自体は密な方だと思います。

当たり前のことを二十数年続けてきただけですが、そういうコミュニケーションができない人が実に多い。忙しくしているうちに家族とのコミュニケーションが不足し、そうこうしているうちに子どもが反抗期に入ってまともに話ができなくなる――こんな話も聞きますが、普通にコミュニケーションの時間を取るように心がけていたら、そんな状態にはならなかったはずです。

子どもが生まれても忙しくてなかなか相手ができないという人もいますが、無理にでも時間を作って子どもに接するべきです。なぜなら、あとでどんなに後悔しても、子どもを小さいころに戻してやり直すことなどできないからです。

家族に関しては価値観の違いがあることは承知していますが、仕事でどんなに成功しても、実は親子関係がぐちゃぐちゃで子どもは家を出て行ってしまったなどというのは、やはり褒められたものではありません。

仕事も家族関係も努力なしにうまくいくことはありません。コミュニケーション不足を実感している人は、一緒にご飯を食べるなど小さなことから行動してみてはいかがでしょう。

「体が資本」を忘れずに

前述したように、私は平日には6〜6・5時間、出張時や休日は7・5時間ぐらい寝ていますから、睡眠不足や過労でつらいなどということはありません。それでも日中、移動しながら講演を2カ所以上でやるなど過密スケジュールが続いたり（これまでの記録は1日に4カ所での講演です）、いつも以上に出張が入ったりしてちょっと疲れたと思ったときは、アポイントのない日の午前中を休養に充てるなどして調整しています。

夜はお客さまや仕事の関係者と会食をする機会が多いのですが、その場合も二次会には参加せずに帰宅し、遅くても深夜0時前には就寝するようにしています。私は先にも話したように朝が最も調子の出る時間帯ですから、そのときに最大のパフォーマンスを出すために早く就寝しているのです。仕事で勝負している以上、当然のことですよね。

日頃から健康には人一倍気を遣っていますが、それには理由があります。2006年の秋に右肺の3分の1ほどを切除する手術をし、以前にも増して「体が資本だ」という思いを強くしたからです。もともと不摂生ではありませんでしたが、好きだったお酒も少し量を減らしました。定期的に鍼やマッサージに行き、ビタミン点滴なども受けに行くようになりました。

手術後は心境の変化もありました。より一層、一つひとつの仕事を丁寧に行っていこうという気持ちになったのです。よく考えれば、講演会などは会場に来てくださった方と、その後、二度と会わないことの方が圧倒的に多い。「一期一会」をとことん大切にしていかなければと思います。

若い人にはピンとこないかもしれませんが、体調は仕事の能率やメンタル面にも大きく影響してくるので、常に気にかけるようにしてください。

旅を楽しむ人にコンサルタントは向いている

旅行嫌いな人は経営コンサルタントには向いてないと思います。それぐらいコンサルタントは、国内外含めていろいろなところに行く機会が多いです。

先にも述べましたが、私は片道を1回とすると年間で新幹線に110回、飛行機は80回くらい乗り、90泊ぐらいホテルに泊まっています。もともと乗り物が好きで、特に新幹線は『新版 新幹線から経済が見える』（祥伝社黄金文庫）という本を書いたことがあるぐらいのマニアです。移動がまったく苦になりません。

それに、移動中の車内や宿泊先のホテルでもコンサル力を身につける訓練をすることができます。例えば、ホテルの朝食バイキングを利用するときは、サラダバーのプチトマトのへたが取れているかどうかを確認しています。「プチトマトのへたを取っていれば一流ホテル」という仮説を持っているからです。いくつかのホテルで検証した結果、へたを取っているホテルは「お客さま本位」のホテルであることが多いという結論に達しました（もちろんこれは100％検証できているわけではありません）。

もう一つ、「従業員の動きが止まっているファミリーレストランは儲かっていない」という仮説も持っています。出張先でファミレスなど大衆的なお店で食事をするときは、これを必ず検証してします。レストランはだいたい原価率が36％くらいで、これを守らないと利益は出ないといわれています。そこに人件費が重くのしかかってきます。そんな状況で、お昼どきの最も忙しい時間帯に従業員の動きが止まっているファミレスは、人件費をカバーするだけのお客さまが入っていないことを意味しています。したがって、そんなファミレスは儲かっていない、と判断できるわけです。

と、こんな具合に観察をしていると、移動中でも宿泊先でもさまざまなモノが見えてきて、コンサル力も鍛えられます。

出張先では、顧問先さんの会社で早朝会議がない限り、朝は比較的、時間にゆとりがあることが多いです。その間、私は街をぶらぶらと歩く時間に充てています。

顧問先さんの会社があるので2カ月に1度、熊本に行きますが、そのたびに朝1時間ぐらい市内の商店街を中心に散歩をしています。すると、だんだんと細かいことが見えてきます。私がよく泊まるホテルの近くだけかもしれませんが、なぜか熊本の商店街は本屋さんが多い。「熊本は本好きな人が多いのかな」と素朴な疑問が湧くと、もう止まりません。何かしらの仮説を立てて検証するという、いつもの作業が始まります。

年に数回は海外に出張しますが、海外の場合はお客さまの都合で半日ぐらいぽっかり時間が空くことがよくあります。そういうときも街歩きをしたり、美術館に立ち寄ったりしています。ロンドンならナショナルギャラリー、ニューヨークならメトロポリタン美術館などです。もともと絵画鑑賞は好きなので、あっという間に1～2時間は経ってしまいます。経営コンサルタントの仕事には直接関係はありませんが、まったく違う分野の造詣を深めるのは視野が広がる意味でもとても大切だと思っています。美術館は広いので、足腰が鍛えられるメリットもありますね。

いずれにしても、どこにいようと関心を持てばモノが見えるし、そこから「仮説を立てて検証する」を繰り返していけば、さらに深くモノを見ることができます。その点、出張や旅行は刺激も多く、私は大好きです。

第4章のまとめ

時間をコントロールする感覚を持つには、どんな点に気をつければ良いのでしょうか。次のチェックシートをもとに確認してください。

- □ 仕事に忙殺されるときは睡眠時間を削ればいいと思っていないか …… P189
- □ 自分の「得意な時間」を知り、そこで集中力を発揮するように心がけているか P194
- □ やる気の出る時間に、どんな仕事をどのぐらいするかあらかじめ把握しているか …… P196
- □ 調子の悪い時間帯に大事な決断をしていないか …… P198
- □ 自分にしかできない仕事を把握しているか …… P200
- □ 仕事とプライベートの目標を毎月立てて実行しているか …… P204

□ 目的と目標を混同していないか ……▼P206

□「二流の仕事」で満足していないか ……▼P209

□ オフはプライベートの目標を実行しているか ……▼P212

□ 体が資本。早い就寝を心がけているか ……▼P214

□ 出張が多い状況を楽しむことができるか ……▼P216

第5章

コンサル力を高める5つの習慣

ここまでお読みいただけたら、あなたのコンサル力には、だいぶ磨きがかかってきているはずです。

最後の章では、コンサル力をより強化するための5つの習慣をご紹介します。どれも誰でもできることばかりですが、肝心なのは、それを続けることです。毎日、コツコツと積み重ねる努力が大切であることは本書でも繰り返し述べてきましたが、その紙一重の積み重ねが、いつしかとてつもなく大きな差になります。

「Easy come, easy go」。簡単に得たものは簡単になくしてしまいます。でも、紙一重の積み重ねをコツコツと続けられたら、それはその人の実力になります。長い間かけて得られたものが本物で、それは他の人がなかなか得られないものです。近道などあるわけがありません。5つの習慣を取り入れてコツコツ続ける——これが何よりのコンサル力の強化と心得てください。

習慣その1「早起きする」

第4章でもお伝えしましたが、私の得意な時間帯は朝です。ですから朝は早く起きて、重要な案件の決断をしたり、原稿を書いたりする時間に充てています。

ビジネスマンにとって「早起き」のメリットはたくさんあります。先にも少し触れましたが、そもそも、ほとんどの会社は日中に仕事をしていますから、日中にベストパフォーマンスが出なければ評価してもらえません。その意味でも、早起きして朝から調子が良い状態にしておけば、日中にかけてベストなコンディションに持っていけます。

通勤ラッシュに巻き込まれずに済むのも、「早起き」のメリットです。

私は、普段は5時か遅くても6時には起床し、7時半過ぎには会社に到着しています。この時間帯の電車は比較的すいていますから、他人の目を気にせずに、ゆったりした気持ちで新聞に目を通すことができます。通勤ラッシュに揉まれて朝から疲れてしまう人より、間違いなくストレスは少ないし、スタートダッシュで差をつけられます。

通勤ラッシュを避けるか否か。これは1日単位で見れば〝ちょっとした差〟ですが、毎日続ければ「チリも積もれば」で、疲労の度合いやストレスの度合いに、けっこう大きな差がつきます。

また、毎日、朝早く出勤する人は、上司の覚えがいいというメリットもあります。少なくとも、始業時刻ギリギリで職場に飛び込んでくる社員よりは、はるかに好印象を持たれると思います。実際、早く出勤する人ほど他の人よりも早く仕事にとりかかれますから、日中にベストパフォーマンスを発揮することができます。

ただし、早起きを毎日続けるには、「夜更かしはしない」ことが鉄則です。皆さんは飲み会に出席する機会が多いかもしれませんが、それを夜更かしをしてしまう言い訳にしないでください。私は、1週間のうち3～4日はお客さまとの会食で夜の予定が埋まってしまいますが、誰と食事をしても二次会には参加しません。これを何十年も続けています。

「お客さまと飲みに行く＝とことんまでつきあう」ことではありません。一次会しか参加しなくても、お客さまとの交流は十分に図れるものです。そこで楽しくお酒を飲んで帰れば、21時半か遅くとも22時には自宅につきます。それからお風呂に入ってくつろいだりしても、23時過ぎには就寝できます。これなら翌朝5時に起きても6時間は睡眠時間が確保できます。

経営コンサルタントに限らず、ほとんどの職種の人は、お客さまが動いている日中にベストパフォーマンスを出さなければなりません。そこに焦点をあてる意味でも、「夜更かししない」「早起きする」を習慣にすると良いと思います。

習慣その2「日記をつける」

毎日、日記をつけるのも良い習慣です。日記をつけると、1日1回は「自分を省みる」ことができるからです。なぜ、自分を省みなければならないのでしょうか。『論語』には、その大切さを説いた有名な一文があります。

われ日に三たびわが身を省みる

これは、孔子の弟子の曾子が言った言葉です。「三たび」というのは「三回」ではなく、「たびたび」「何度も」といった意味です。つまり、1日に何度も自分を省みなければならないということです。

うまくいっているときは、うまくいっているがゆえに省みることを忘れ、うまくいかなかったときは相手のせいだと責任転嫁して逃げてしまうことが多いものです。うまくいってもいかなくても、結局のところ反省しない人が少なくありません。でも、これでは何の進歩もありません。自分を省みる習慣のない人は、成長しないのです。ベストセラーになった名著『ビジョナリーカンパニー②』という本には、次のように述べた個所があります。

成功を収めたときは窓の外を見て、成功をもたらした要因を見つけ出す。結果が悪かったときは鏡を見て、自分に責任があると考える。
（ジェームズ・C・コリンズ著『ビジョナリーカンパニー②飛躍の法則』日経BP社）

成功している人ほど、うまくいったときは「○○さんのおかげだ」「運が良かった」などと自分以外の成功要因を口にし、逆に失敗したときは、他人のせいにしないで我が身を振り返って、そこに原因を求めています。
このような姿勢こそが大切です。すべてができなくても、せめて1日1回は自分を省みるべきで、その最適な方法が日記をつけることだと私は思っています。

日記をつけていない人は、何を書いたらいいのか身構えてしまうかもしれませんが、大げさに考える必要はありません。その日に見たことや聞いたこと、あったことを書く、それだけでいいのです。箇条書きでも構いませんし、いちいち感想を書かなくても結構です。一日の出来事を振り返るだけでもさまざまなことを思い出しますから、それが我が身を省みることにつながるのです。

反省の省には「省く」という意味もあります。我が身を振り返り、悪いことやムダなことを省いていけばいいのです。毎日、日記をつけていれば、何を省いたらいいのかについて「気づき」を与えてくれるはずです。

日記を書いていると、1人になる時間が持てるメリットもあります。家庭を持っている人は、会社にいても家に帰っても常に誰かと接していますから、1人になる時間がなかなか取れません。1人になって物事を考える時間を作るのは、すごく大事なことです。その点、毎日日記を書けば、その間は確実に1人になる時間を確保できます。

また、日記を毎日つけていると確実に文章力が上がります。これもビジネスマンにとって大きなメリットになります。

私は就寝前に、「3年連用日記」の分厚い日記帳に向かう生活をもう19年続けています。3年ほど前からは、会社のサイト内にあるブログにもその日の活動や感想などを書くようになりました。どちらも、その日にあったことを記しているので内容はほとんど同じですが、ブログのほうにはお客さまの名前などは当然書いていません。日記帳は英語で、ブログは日本語で書いています。

英語で日記を書いているのは、単純に「英語を忘れないようにするため」です。と言っても、「誰と会った」とか「どこへ行った」という内容を英語にするだけですから、難しい構文や英単語は出てきません。慣れてしまえば誰でもできる程度の内容です。

一方、ブログは、私がどんな活動をしているのかをお知らせする目的で書いています。ブログを書いて良かったなと思うのは、日記と違って人に見られることが前提ですので、「誰が読んでも分かりやすい文章」を意識するようになることです。そして、そういう意識を毎日持ち続けていますから、本の原稿を書くときにも今まで以上に「読者の視点」に注意を払うようになります。また、毎日書き続けることで文章力も上がり、書く時間もスピードアップできるようになりました。

ブログを書くときは個人名を出さないようにするなど気を配らなければなりませんが、文章力を強化したいと思う人には、「ブログで日記を書くこと」はすごくおすすめです。

習慣その3「座右の書を繰り返し読む」

本書でも良書を読むことの必要性を何度か述べましたが、特に自分が気に入った座右の書を見つけたら、それを繰り返して読む習慣を身につけてほしいと思います。

第2章でも触れましたが、私の座右の書は松下幸之助さんの『道をひらく』です。

私がなぜ松下幸之助さんの本を読み始めたかというと、戦後、最も成功した経営者だからです。成功した経営者が書いた本には、きっと成功するためのヒントがあるはずだ——そう思って読み始めました。

なかでも『道をひらく』は、一つのテーマが見開き2ページで完結しているため読みやすく、寝る前にこの本を読む習慣がつきました。もう20年近く、出張で家を空けるとき以外は、就寝前に必ず何ページか読んで寝るという生活を続けています。すでに10

0回以上は読んでいると思います。

もちろん100回読んだからといって、書かれていることを自分のモノにできているわけではありません。しかし100回も読めば、言わんとすることはだいたい分かってきます。その感覚を忘れないようにするために、繰り返し読んでいるのです。

また、繰り返し読んで何年も経てば、その分、自分も仕事や人生の経験が増えますから、今までは気に留めなかった個所が心に響いたりするなど、新たな発見を得られるようになります。

座右の書を繰り返し何度も読む習慣づけは、一度だけ、あるいは軽く何度か読むことに比べて「一歩踏み込む」ことにほかなりません。一歩踏み込むことは、物事を深く知ることにつながります。そして、繰り返して良書を読む習慣のある人は、「継続は力なり」を知っていますから、仕事でも目の前のことから全力で取り組み、それをコツコツと積み重ねることができます。さらには、自分の人生への洞察が深まれば、本から読みとれる内容もよけいに深まります。

仕事も人生も、「一発逆転勝負」などということはそれほどあるものではありません。

たまにうまくいって一発逆転できても、本当の実力がなければ次の回で逆転されるだけです。良い習慣を身につけたら、それを続ける——これがコンサル力だけでなくすべてのビジネスマンにとって何よりの実力の強化につながります。

習慣その4「約束を守る」

約束は必ず守る、これも習慣づけるべきです。「そんなの当たり前」と思われるかもしれませんが、約束そのものを忘れてしまえば約束を守ることなどできません。

例えば私が、誰かに「来週、出張から帰ってきたら、自著を差し上げますね」と約束したとします。きっと相手は本が届くのをすごく楽しみに待ってくれているはずです。それなのに、私がうっかりそれを忘れてしまえば、相手は「小宮さんは約束を破った」とがっかりするでしょう。約束したことを実行しなかった場合に、「悪気はなかった」「忙しかった」という言い訳は通用しません。

信用を一度なくしたら、それを取り戻すのは容易なことではありません。だからこそ、どんなに小さな約束でも、約束したら守らなければなりません。有言実行を貫いてください。

「信用」の「信」は「人が言う」と書きます。言ったことを実行してこそ、初めて人から信用を得られるのです。そのためにも、言葉に出して約束したことは忘れないようにメモする習慣をつけることが大切です。私は、手帳に人と約束したこと、とくに忘れそうな小さい約束をその場で必ず書くようにしています。

そして、もうひとつ大切なことは、小さな約束だけでなく、人から受けた恩義も忘れないことが大切です。前述したように、私は「3年連用日記」をつけていますが、過去の日記を読み返せる効用の一つは、「1年前の今日」「2年前の今日」に何があったかを確認できることです。1年前の出来事を反省できる意味もありますが、「人にしてもらった恩義」を思い出せることが何より大きいと思います。

人は自分が人にしてあげたことはよく覚えていますが、人がしてくれた恩義や、何かをいただいたことなどは忘れてしまいがちです。ですから日記やメモなどを書いて、それを折を見て読み返し、その時々の出来事を思い出すことが大切だと思うのです。そうすれば、「あのときお世話になった、あの人に連絡を入れよう」とか、「そうだ、あの件についてその後の顚末を報告しておこう」などと、即座に行動に移せるからです。

習慣その5「関心のあることを人に話す」

関心を持ったら自分の中だけに留めておかずに人に話してみる、これもぜひとも習慣にしてください。

私は普段は朝7時半過ぎには出社していますが、もっと早い時間に来ている社員もいます。そんなとき私は、「○○君、今日の日経新聞の『経済教室』読んだ？　どうだった？」などと話を振ります。同じ新聞記事を読んでも、個々人によって見方や意見が違うことはよくあります。私が思い違いをしていることもあるかもしれません。

話す前提として、自分が十分に理解している、あるいは、あることに関して何らかの疑問を持っているということがあります。自分の「関心のフック」に引っかかったことについては、ほかの人の反応を知りたいものです。

また、こうした声かけは、部下に対して、この部分は勉強しておいたほうがいい、というヒントを与えていることにもなります。聞かれた人にもそれなりの刺激になるに違いありません。

社内でこのように話す機会が多くなれば、社員は私にいつ話を振られても答えられるように、「日経新聞をきちんと読もう」「読書をしておこう」などと思うはずです。もちろん私自身も、話を振る以上は、政治や経済について、それなりの知識を持っていることが大前提になります。

人に話すということは、相手と自分双方にとって足りないものに気づき、それを補うために勉強しなければいけないとヤル気を喚起してくれます。人は、人から一番刺激を受けやすいのです。

人に話すということは、当然ながら話す訓練にもなります。積極的に人と話をしていると、何気ない話でも、それを相手の心に響くように伝えるにはどうすればいいか、話のバリュー（価値）やインパクトを考えながら話すクセが身につきます。これを繰り返していると、大事なプレゼンテーションなど大勢の人を説得する場でも、話す力がおおいに威力を発揮するはずです。そのためにも、どんどん人に話すことをおすすめします。

良い仲間がいるなら、定期的に勉強会を開いてもいいでしょう。最初は自分たちの関心事を話すことから始めて、だんだんとその関心の範囲を広げていけばいいのです。自分の業界だけでなく他業界、そして経済や政治、それも世界経済まで話せるようになればしめたものです。

そうなってくると、関心の範囲が広がっていますから、これまで以上に新聞や雑誌、テレビのニュースなども深く読みこなせるようになります。

とにかく、いろんな場で、多くの人と接し、お話しして、自分を磨いていくことがコンサル力強化には非常に役立ちます。人は人によって磨かれるのだと思います。どんどん積極的に人と接してくださいね。

おわりに

コンサル力の磨き方について、さまざまな角度から詳しくお伝えしてきました。

経営コンサルタントは、お客さまに経営をアドバイスするのが仕事です。いわば経営者のコーチ役です。

だとすると、まずは経営コンサルタントである自分自身が正しい考え方を持ち、正しい生き方をしなければ、お客さまにアドバイスするなどということはできません。本書で繰り返し述べてきたことですが、正しい考え方や生き方は『論語』をはじめとする長年読み継がれてきている古典から習得することができます。

あとは「石の上にも3年」の気持ちで、毎日、コツコツと勉強や経験を積み重ねていく、コンサル力を磨くにはこれ以外に方法はありません。近道なんてないし、あったとしても付け焼き刃ですから、すぐにお客さまに底の浅さを見抜かれてしまいます。

新聞を読み、物事を深く掘り下げる。専門書を読み、自分の得意分野を深掘りする――とにかく自分でまずできることから始めて、それを継続してください。毎日やることは、ささいな紙一重の差に過ぎませんが、それが3年も経てば、かなり大きな差になります。何もしていない人に比べると、はるかに大きな「実力」を身につけることができます。

もう一つ、コンサルタントになりたい人は、「世の中には自分の知らないことの方が多い」という前提で仕事をするようにしてください。「自分は何も知らないが、その何も知らないということを知っている」――要するに、ソクラテスが言った「無知の知」を知ってほしいのです。

新聞を読んで理解できることが増えても、専門書を読んで知識が深まっても知らないことの方が圧倒的に多い、これが社会の真実です。自分は何でも知っていると思った時点で驕りが生まれますから、大きな間違いを犯しやすくなります。

常に素直さ、謙虚さを持って仕事をしてください。知っていることが増えてくると、自分の知識や経験に固執しがちですが、素直さと謙虚さがあれば、極力、バイアスをかけずにモノを見ることができます。他人の言うことにも耳を傾けられるし、よく聞くこともできますから、さまざまなものを比較検討しながら最終的に判断を下すことができます。それが、すごく大事なのです。

素直さと謙虚さがあると、「こだわらない、偏らない、とらわれない」という生き方も貫けます。自分の考えが絶対だと思い込むのは危険です。このぐらい柔軟に考えた方が良いということです。

皆さんも、自分の分野でコンサル力に磨きをかけて、お客さまや社会に喜ばれるような仕事をたくさんしてください。

なお、本書作成にあたり、朝日新聞出版の首藤由之さんには大変お世話になりました。彼がいなければここまでの仕上がりにはならなかったことは間違いありません。この場を借りて心よりお礼申し上げます。

２０１１年10月

小宮一慶

小宮一慶　こみや・かずよし
経営コンサルタント。1957年、大阪府生まれ。81年に京都大学法学部を卒業し、東京銀行(現・三菱東京 UFJ 銀行)入行。米ダートマス大学経営大学院に留学、MBA 取得。岡本アソシエイツなどを経て96年に小宮コンサルタンツを設立。『お金を知る技術 殖やす技術』『財務諸表を読む技術 わかる技術』(ともに朝日新書)など著書多数。

朝日新書
323

コンサルタントの仕事力《しごとりょく》

2011年11月30日第1刷発行

著　者　小宮一慶

発行者　市川裕一
カバーデザイン　アンスガー・フォルマー　田嶋佳子
印刷所　凸版印刷株式会社
発行所　朝日新聞出版
〒104-8011　東京都中央区築地 5-3-2
電話　03-5540-7772（編集）
　　　03-5540-7793（販売）

Published in Japan by Asahi Shimbun Publications Inc.
ISBN 978-4-02-273423-5
定価はカバーに表示してあります。
落丁・乱丁の場合は弊社業務部(電話03-5540-7800)へご連絡ください。
送料弊社負担にてお取り替えいたします。

朝日新書

コンサルタントの仕事力
小宮一慶

客の悩みを解決したり、改善策を提案したりするコンサルティング力。仕事をしている人なら誰もが必要になる、この能力を身につけるには、どうすればいいのか。日本を代表する経営コンサルタントが自らを題材に一から教える。ビジネスマン必読！

ホンダ式 一点バカ
強い人材のつくり方
片山 修

アシモや小型ジェット機など、自動車や二輪車にとどまらない独自の輝きを放ち続けるホンダ。その強さの秘密は、仕事を楽しんで深掘りする「一点バカ」の育て方にある。若手社員12人への取材から「2階に上げてはしごを外す」若手鍛錬法に迫る。

親鸞 いまを生きる
姜尚中
田口ランディ
本多弘之

没後750年、いま、親鸞の教えが苦悩する日本人の心に響く。他力本願の真の意味とは、浄土はどこにあるかなど、人気政治学者とスピリチュアルな作品を紡ぐ女性作家、親鸞仏教センター所長が、自らの経験を織り交ぜ、教えの神髄を論じあう。

禅―壁を破る智慧
有馬頼底

有馬家に生まれ、8歳のときに日田・岳林寺で出家。京都仏教会理事長としては古都税に異議を唱えた。臨済宗相国寺派管長の高僧が、生きることはつらいことではないという禅の奥義から、気持ちを「平らにして」毎日を一歩、一歩と歩む方法を教授。

腸！ いい話
病気にならない腸の鍛え方
伊藤 裕

最新の医学研究で、人間の最重要臓器は「腸」であることがわかってきた。老化は、腸と腎臓に最も早く現れる!? 日本テレビ系「世界一受けたい授業」にも出演した医師である著者が、腸の知識をおもしろく解説し、「腸を鍛える」方法を指南する。